씽크와이즈

평생학습 성공의 동반자

하버드대 인지심리학 박사가 추천하는 마인드맵 공부법

씽크와이즈
평생학습 성공의 동반자

김중현 지음

공감

나는 삶의 여정 속에서 어느 때는 꿈도 없이 살다가 어느 순간
부터는 꿈을 꾸며 달려왔다. 어렵게 입사한 대기업에서 회사원
으로 일하며 안정된 생활을 즐기고 있었던 어느 날, 삶의 전환점
을 맞이했다.

운명처럼 씽크와이즈가 나에게 온 것이다. 처음엔 그저 업무
자료를 쉽게 정리하게 도와주는 도구 중 하나에 불과했지만, 나
는 그 안에서 특별한 열정을 발견했다. 씽크와이즈를 통해 생각
을 현실로 전환할 수 있다는 것을 깨달은 그 순간들이 나에게는
인생의 전환점이요, 새로운 꿈을 꾸게 된 계기가 된 것이다.

이 책은 씽크와이즈가 가진 힘과 그것이 나에게 준 영향에 관

한 이야기이다. 첫 장에서는 씽크와이즈가 어떻게 나의 삶을 변화시켰는지를 다룬다. 나는 새로운 도구를 통해 꿈을 현실로 만들어 가는 과정을 경험했다.

두 번째 장에서는 씽크와이즈가 다양한 세대에게 어떤 성장 도구가 될 수 있는지를 알아볼 것이다. 씽크와이즈를 활용하는 청소년들은 씽크와이즈를 통해 미래를 준비하고, 학교 공부나 책 정리에 새로운 차원의 학습을 경험한다.

씽크와이즈의 '원북원맵'은 교과서 한 권을 하나의 맵으로 정리하는 방법을 배우는 과정이다. 내가 내 서랍을 스스로 정리하면 어디에 무엇이 있는지 쉽게 떠올릴 수 있듯이, 원북원맵 과정을 수강하며 교과서를 스스로 정리해 본 청소년들은 과목 내용을 숙지하는 것은 기본이고, 인풋과 아웃풋 과정을 반복적으로 진행하며, 마인드맵을 장기기억에 저장하는 효율적인 공부 방법을 체득하기 때문에 학교 성적이 자연스럽게 오른다. 성적이 오르면 공부에 자신감을 갖고, 자기 자신의 미래를 스스로 설계할 수 있는 힘도 길러진다. 이는 원북원맵 과정을 수강한 수많은 청소년을 통해 증명된 바다.

원맵원북 과정을 소개하며 하버드대 인지심리학 박사 대니얼 T. 윌링햄이 그의 책 『공부하고 있다는 착각』에서 이야기한 최소의 노력으로 최대의 성과를 내는 초효율 공부법을 내 나름대로 해석해 보았다.

대부분의 공부법은 학습하는 데 오랜 시간이 걸리기 때문에 비효율적이다. 보통 우리가 하는 공부법은 반복해서 읽는 것이다. 그 방법도 비효율적이다.

우리 뇌는 의미를 부여하는 것을 좋아한다. 오래도록 기억에 남길 수 있는 공부법은 정보에 의미를 입히는 것이다. 이것이 효율적인 공부법이다.

오늘 읽은 책이나 공부하면서 적은 노트 필기에 의미를 부여하며 재구성해 보자.

나열식으로 정리된 공부 내용을 마인드맵으로 재구성해 보는 건 어떨까? 간단한 요점들을 적어 마인드맵으로 연결해 보자. 의미를 부여하며 연결한 마인맵을 우리 뇌 속에 기억하는 것이 정말 효율적인 공부법이다.

노트에 적은 마인드맵을 디지털로 정리하는 것이 바로 씽크와이즈이다.

세계의 경제를 이끄는 유대인들의 교육법 하브루타는 질문에서 시작한다. 질문에 답을 하고, 그 답에 대한 질문과 답을 다시

이어 나가는 하브루타 교육법을 디지털로 구현해 낸 것이 씽크와
이즈이다. 씽크와이즈를 통해 내 생각을 구조화하고 더 구체화
시킬 수 있다.

진짜 효율적인 공부법, 씽크와이즈를 두 번째 장에서 소개한다.

세 번째 장은 작가가 직접 씽크와이즈를 활용해 본 경험으로
구성했다. 일기 쓰기, 비전과 미션 구상, 핵심 가치 정리, 리포트
및 기획서 작성 그리고 책 쓰기까지 다양한 분야에서 씽크와이즈
를 어떻게 활용했는지 소개했다.

아울러 맞춤형 인생 설계와 재무 설계를 돕는 파트너로서 씽크
와이즈를 어떻게 사용할 수 있는지, 또한 자녀 교육에 초등부터
씽크와이즈를 활용하는 방법과 그 효과에 대해서도 다룬다.

네 번째 장에서는 씽크와이즈의 협업 기능에 대해 설명한다.
협업을 통해 어떻게 소통의 새로운 지평을 열어 가는지, 팀원 상
호 간에 아이디어를 공유하고 확장할 수 있는지, 원격 협업의 활
용 사례를 살펴볼 것이다.

이윤과 성과를 중요시하는 기업체뿐만 아니라 지방자치단체
와 같은 공공기관에서도 씽크와이즈를 다양하게 활용할 수 있

다. 예를 들면 정책개발, 프로젝트 관리, 시민과 소통하는 데 있어 씽크와이즈를 이용하면 정보를 체계화하기 쉽고, 합리적인 의사결정을 할 때 도움을 받을 수 있다.

2023년 지방자치단체 중 전국 최초로 씽크와이즈를 도입해 현재 활발하게 이용 중인 사람의 사례를 소개한다. 조사 결과 씽크와이즈 도입 후, 실제 씽크와이즈를 이용해 업무를 처리해 본 공무원들의 업무 효율성이 대폭 상승한 것으로 나타났다. 업무 진행 중 불필요한 보고서 작성을 생략하고, 소모적인 회의가 줄어드니, 정책개발 등 창의적인 활동에 더 집중할 수 있게 되었고, 그 결과 대민 행정서비스 질이 향상된 것이다. 또한 씽크와이즈 협업 기능은 변동사항을 팀원들과 실시간으로 공유할 수 있는데, 이 협업 기능이 공무원들이 효율적으로 일할 수 있는 기반을 마련해 준 것이다.

마지막 장에서는 씽크와이즈를 활용하는 다양한 방법들을 알아본다. 2023년 유저 컨퍼런스에서 발표한 씽크와이즈 우수 활용 사례 중 두 가지를 선별해서 소개했다. 첫 번째는 아들 삼형제를 모두 씽크와이즈로 공부시켜 자기 주도 학습을 완성한 학부모의 사례이다. 두 번째 사례는 업무플랫폼 분야에 씽크와이즈를 어디까지 활용할 수 있는지 고수들의 비법을 체험해 보기를 바란다.

그다음 장에서는 협업과 소통의 새로운 지평을 열어 가는 씽크와이즈를 활용을 기록했고, 어떻게 협업을 통해 아이디어를 공유하고 확장할 수 있는가와 원격 협업의 활용사례 등을 살펴봤다.

이제 씽크와이즈의 세계로 여행을 떠날 준비가 되었는가? 앞으로 이어지는 이야기에서 씽크와이즈를 통해 우리가 어떻게 변화하고 성장할 수 있는지 알아본다. 함께 평생학습의 성공을 이루어 보자!

김중현

목차

1장

씽크와이즈,
내 삶의 전환점

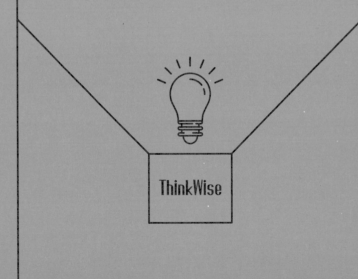

대기업 31년 다닌 직장인이 품은
씽크와이즈에 대한 열정

나는 31년 동안 대기업을 다녔다. 직장생활을 하는 동안 항상 즐겁고 재미있게 일했다. 단 한 순간도 월급을 받기 위해 일하지 않았고 내가 바로 주인이라고 생각하며 일했다. 당연한 것으로 생각했다. 다른 동료들로부터 "너는 일이 그렇게도 재미있냐? 질리지도 않느냐?"는 소리를 많이 들었다. 나는 일이 질리지 않았고, 내가 일을 많이 한다고도 생각하지 않았다. 똑같은 일도 항상 새롭게 해보려 노력했고, 개인적으로 특별히 할 일이 없으면 사무실에 출근해서 이것저것 시도해 보는 것이 취미생활 중 하나였다. 당연히 업무 효율이나 회사나 상사로부터 받는 직장인 스트레스는 적었다. 거의 없었다고 보면 된다. 왜냐면 상사가 뭐라 하기 전에 미리 알아서 하지 못한 나 자신을 안타까워하는 마음으로 살았기 때문이다.

상사들이 업무의 결과로 부하 직원이나 조직원들에게 스트레스를 주는 것 같지만 꼭 그렇지만은 않다. 시킨 일만 하거나 해왔던 대로만 하는 것을 싫어할 뿐이다. 활기찬 분위기를 만들지는 못해도 새로운 의견을 말해 주고 새로운 방법들을 제안해 주면 상사는 결과에 상관없이 좋아한다. 그런 부서는 당연히 결과도 좋을 것이다. 나는 남들보다 더 많이 일했고, 주말이든 평일 저녁 늦은 시간이든, 보는 사람이 있든 없든, 일하는 것이 즐거웠다.

그렇게 10년, 20년을 일하고, 30여 년이 되던 어느 날, 운명처럼 씽크와이즈를 알게 되었던 것이다. 씽크와이즈를 알아갈수록 다른 어떤 도구보다 업무효율 증대에 도움이 될 것이란 확신이 들었다. 지인의 병문안을 갔다가 우연히 지인이 병실에서 노트북으로 뭔가를 열심히 작업하는 것을 봤다. 뭘까 궁금했다. 일을 마무리하고 이야기하면서 아까 작업했던 게 뭔지, 처음 본 것 같다고 했더니 '씽크와이즈'라고 했다. 처음 들어 본 단어였다. 디지털 마인드맵이라고 생각하면 된다고 했다. 마인드맵은 들어 봤는데 씽크와이즈는 처음이었다. 그래서 다른 이야기를 접고 프로그램을 다시 한 번 보여 달라고 했다. 그리고 하나하나 작동 방법을 물어봤다. 빠져들었다. 그래서 어떻게 하면 나도 사용할 수 있는지 알려 달라고 했더니 아직 알려 줄 정도는 아니라고 해서 그럼 어떻게 하면 되냐고 물었다.

씽크와이즈 본사 주소를 알게 된 나는 곧장 광주에서 본사로 다니면서 1일 마스터 과정, 씽크와이즈 전문가 과정, PQ플래닝 전문가 과정 등을 계속해서 들었다. 당시에 직장 생활로 무척이나 바빴지만 배우면 배울수록 그다음 단계를 배우고 싶은 열정이 솟구쳤다. 지방에는 개설된 강의가 없어서 이틀 강의를 들으려면 서울 성수동 본사 근처에 숙소를 잡고 숙박하면서 강의를 듣곤 했다.

다양한 맵을 만들어 보고 나의 업무에 씽크와이즈를 접목해 보면서 더 깊이 빠져들었다. 다양한 분야에서 활용하는 사례를 들을 수 있었고, 민간단체인 개인과 회사뿐만 아니라 지자체, 군내(육군, 해군, 공군 등), 대법원, 검찰청 등의 국가기관도 이미 오래전부터 다양한 분야에서 씽크와이즈를 도입해 사용해 오고 있음을 알게 되었다. 씽크와이즈에 매료되어 배움을 이어 가면서 어느 순간 씽크와이즈 마니아가 되어 있는 나 자신을 발견했다. 비록 씽크와이즈를 배운 기간은 짧았지만, 씽크와이즈가 가진 능력은

충분히 확인할 수 있었다. 정리되지 않은 복잡한 생각을 정리하도록 돕는 도구이며, 기록하는 도구요, 업무 효율을 높이는 도구로, 향후 대한민국 모든 국민이 사용하게 될 것이라는 믿음이 생겼다. 그리고 COVID-19가 확산하며 기승을 부리는 동안 비대면 협업의 중요성이 부각되었고, 씽크와이즈가 가진 협업 기능의 우수성이 확인되면서, 현재는 씽크와이즈를 사용하는 사람들이 더 많이 늘어나는 추세이다.

씽크와이즈 선택의 순간:
나의 전환점

나는 손해보험 회사에서 자동차 손해사정 업무를 다년간 담당했다. 손해사정 업무를 하다 보니 보상 담당자들과 고객과의 분쟁이 잦았는데, 그 원인을 살펴보니 고객들이 알고 있는 보상업무 처리 영역과 약관 내용 사이에 너무 큰 차이가 있었기 때문이었다. 그래서 보험설계사들을 제대로 교육하면 영업 파트도 성장하고 보상 민원도 대폭 줄어들 것이란 확신이 들었다. 보험영업 관리자로 전직 시켜줄 것을 여러 차례 강력하게 회사에 요청해서 영업 관리자로 일하기 시작했다. 관리자는 주로 아침 정보 미팅과 교육을 담당했는데, 거의 모든 자료는 PPT로 만들었고, PPT로 강의하는 것이 일상이 되었다. 자료의 양이 점점 많아지고 저장 용량이 포화 상태가 되면서 정리의 필요성을 절실하게 느끼던 차에 씽크와이즈를 만나게 된 것이다.

보험회사 교육파트장을 맡고 있었을 때였다. 신입 사원 교육부
터 전국 최고 업적을 달성한 연도대상 참여자나 판매왕까지 다양
한 계층을 대상으로 맞춤교육을 진행했다. 강의 내용도 기본적
인 상품 교육부터 다양한 판매 사례를 공유하며 보험 약관 등을
요약 정리해서 제공하고, 중요한 부분에 관한 보상 사례는 따로
자료를 정리해서 보관했다. 동기부여 영상과 성공 사례 발표 그
리고 인터넷 동영상 등 엄청난 자료들을 이곳저곳에 담았다. 매
월 초 사원별, 지점별, 지역단별 그리고 본부별 마감 예상실적 엑
셀 자료와 전월 목표 달성 진도에 관한 결과 자료 등이 넘쳐났다.
체육대회나 분기별 진행되는 특별 행사 그리고 매월 진행되는 지
역단 합동정보 미팅 등을 끝내고 나면 사진부터 행사 영상과 발
표 자료가 다양하게 축적되었다. 한글 문서, 엑셀 자료, 교육 자
료, PPT, 취합된 외부 자료 등등. 그래서 각 저장장치 메모리가
꽉 차고 넘치는 경우가 많았다. 말 그대로 자료의 대풍년이었다.

지금 이 순간에도 수많은 직장인 및 교육 분야에 종사하는 분
들이 자료의 홍수 속에서 넘쳐나는 자료를 어떻게 보관할까 고
민하며 구글 드라이브나 네이버 마이박스 등 가상 드라이브의

용량을 유료로 계속 늘려 가고 있을 것이다. 보관해야 할 업무 자료가 포화상태에 이르렀을 때 씽크와이즈를 사용하게 되면서 데이터 저장용량을 대폭 줄일 수 있었다. 물론 다양한 생각 정리와 기록, 기획하고 도서 정리하는 것을 제외하고도 말이다. 회사별, 상품별 자료가 인터넷 홈페이지에 있으면 용량을 전혀 차지하지 않는 하이퍼링크 기능을 활용하여 연결만 시키면 언제든 찾아볼 수 있었기 때문이다. 그리고 주로 PPT로 교육을 시키고 기획을 했는데, 씽크와이즈를 사용하면서 별도로 PPT를 만들 필요가 없어져서 너무 좋았다. 일하는 시간도 줄이고 전달력도 좋아져서 강의를 듣는 교육생들이 신기해 하면서 좋아하는 모습에 더 신이 났다.

현대카드 정태영 회장은 2014년과 2016년 3월 파워포인트 사용 전면 금지령을 내렸다. 왜 그랬을까? 아마도 대부분의 직장인들이 폰트 크기, 종류, 이미지, 배경, 칼라, 클립아트 등 외형에 집중하느라 본질을 간과할까 우려해서 일 것이다. 파워포인트를 잘 만들고 여러 장 많이 만드는 것이 일 잘하는 것처럼 보여지는 상황을 경계한 것이다.

파워포인트 사용 전면 금지령을 내린 사례는 현대카드 정태영 회장만이 아니다. 일본 도요타도 파워포인트 보고서를 없앴고, 두산도 시간 잡아먹는 하마라며 PPT를 금지했다. 아마존의 제프 베이조스, 야후의 전 CEO 마리사 메이어 그리고 메타의 최고 운영책임자 셰릴 샌드버그도 "사내에서 나에게 보고할 때만큼은 시간이 드는 PPT 대신 어떤 형식으로든 내용이 충실한 보고를 해 달라"며 PPT 보고를 금지했다. 아모레퍼시픽도 PPT 양식을 없앴으며, KB국민은행 등 금융회사도 모두 PPT를 사용하지 못하게 했다.

특히 '노(NO) PPT'를 선언한 애플 창업자 스티브 잡스는 메시지를 전달할 때 "자신이 무엇을 말하고자 하는지 아는 사람들은 파워포인트를 필요로 하지 않는다"며 PPT의 비효율성을 말했다. 그가 암 투병 중일 때 담당 의사가 PPT로 현재 건강 상태 진도를 설명하자 불같이 화를 냈다고 한다. 그런데 지금도 메시지 전달을 PPT에 의존하며 밤을 지새우고, 귀중한 업무 시간에 시간 잡아먹는 하마인 PPT를 더 멋지게 만드는 꾸데만 열중하는, 생산성이 저하되는 줄도 모르는 사람들이 많은 것 같다. PPT는 꼭 필요할 때 사용해야 할 목적으로만 사용해야 한다.

직원들의 입장에서는 PPT를 사용하지 말라고만 하지 그럼 어떤 소프트웨어를 사용하라는 건지 대체재를 제시하지 않으니 답답해 한다. 워드, 엑셀만으로는 아쉬움이 큰 것이다. 그래서 씽크와이즈를 도입해서 사용하는 업체들은 '씽크와이즈 없이 일하는 곳은 어떻게 일을 할까'라고 하면서 안타까워하는 것이다.

꿈을 현실로:
씽크와이즈로 변화된 나의 이야기

나는 여수시 소라면에 있는 작은 바닷가 마을에서 태어났다. 앞에는 바다, 뒤에는 산이요, 옆에는 들판인, 대한민국에서 노을이 가장 아름답다고 손꼽히는 곳이다. 삼성 고(故)이건희 회장 생전에 헬리콥터를 타고 여천공단을 방문하던 길에 하늘에서 내려다본 자연산 하트섬이 너무 아름다워 그곳에 휴양지를 짓기 위해 섬과 인근 땅을 구입했다. 그 사실이 알려지면서 우리 시골 마을 주변은 전국적으로 부동산 업계 핫이슈가 되었고, 자연스럽게 경치가 아름답고 석양 노을이 정말 아름다운 곳으로 알려지게 되었다.

여수와 순천의 중간에 위치한 나의 고향은 환경이 열악했다.

1남 3녀의 외아들로 아버지께서 45세에 얻는 손자 같은 아들인 나는 부모님께는 기적과 같았고 말 그대로 신의 축복이었다. 내가 태어난 날도 양력으로 8월 15일, 광복절이다. 그 당시 문화로 만약 내가 태어나지 않았으면 어머니께서 집에서 쫓겨났을 것이라 했단다. 즉 어머니 개인적으로도 광복절이었다.

어머니께는 해방과도 같은 귀한 아들이 중학교를 졸업하고 고등학교에 간다고 했더니 어머니께서는 나를 엄청 혼내셨다. 옆집 아들이 서울에서 금은방을 하는데 그곳에 가서 돈을 벌라면서 나를 서울로 데려가기 위해 봉고차가 내려왔다. 그 당시 서울에서 여수까지 나 한 명을 싣고 가기 위해 사람들이 내려왔는데 나는 울고불고하면서 절대 못 간다고 버텼고, 결국 빈 차로 서울까지 다시 올라갔으니 옆집 아주머니는 얼마나 어머니를 구박했을 것인가? 나는 내 방에서 울고 있는데, 어머니께서 했던 말이 아직도 나의 뇌리에 생생하게 남아 있다. "해라고 한 적도 없는 공부는 해서 저렇게 속을 썩이네, 아이고 답답하다."

귀한 자식을 위해서라면 목숨도 아끼지 않으실 부모님이셨겠지만, 부모님 모두 배움이 없고, 공부에 대한 개념이 없으니 왜 공부를 해야 하는지 몰랐던 것이다. 내가 고등학교를 보내 달라고

울면서 버틸 수 있었던 이유는, 중학교 3학년 때 담임이셨던 강문환 선생님 말씀에 자극을 받아서였다. 선생님께서는 "너는 꼭 고등학교 가야 한다. 그리고 공부 열심히 해라"라고 말씀해 주셨고, 그 결과 동네 친구들 7명 중 가장 가난한 집 아들인 나와 가장 부잣집 아들 한 명만이 고등학교에 진학했다. 나머지 친구들은 모두 서울로 부산으로 일하러 갔다.

내가 이렇게 나의 어린 시절을 이야기하는 것은 청소년들의 미래를 한 가정의 부모님들께만 맡겨서는 안 되며, 학교에만 맡겨도 안 된다는 것이다. 사회 전체가 나서서 청소년들이 자신들만의 강력한 꿈을 찾을 수 있도록 도와주고, 그것을 이룰 수 있다는 확신을 심어 주고 어려운 환경에 꺾이지 않고 길을 찾을 수 있는 바른 안내자 역할을 해야 한다. 또한 청소년들이 자신이 처한 환경과 비슷하거나 더 열악한 상황에서도 그것을 뚫고 정면으로 돌파하여 성공에 이른 수많은 사람의 이야기로 생각 근육과 성공 근육을 키워 나갈 수 있도록 기회와 환경을 어른들이 만들어 주어야 한다.

내 삶의 가장 첫 번째 버킷리스트는 고향 마을에 '청소년 비전 센터'를 사립으로 운영하는 것이다. 성공한 전국의 유명 인사들을 초빙해서 자신들의 청소년기 여정을 세밀하게 알려 주고, 진로를 고민하는 청소년들에게 "너희의 꿈과 희망은 무조건 모두 이룰 수 있다"는 확신을 심어 주고 싶었다. 꼰대 어른들이 "라떼는 말이야" 하며 늘어놓는 고리타분한 경험담이 아니라 청소년들이 공감할 수 있는 이야기로 말이다. 그런데 씽크와이즈를 만나면서 굳이 그럴 필요가 없어졌다. 씽크와이즈는 생각 정리와 생각 확장면에서 최적의 도구이고, 자기 주도적인 삶을 계획하고 체계화할 수 있는 프로그램이기 때문이다. 씽크와이즈를 활용하면 환경에 구애받지 않고 스스로 공부하고, 각자 인생의 주인공이 되어 자기 삶을 꾸려 나갈 수 있는 힘을 기를 수 있다. 이를 위한 최적의 도구가 씽크와이즈임을 깨달은 것이다. 지금은 대한민국의 모든 청소년이 씽크와이즈를 사용하는 데 기여하고 싶다.

2장

모든 세대를 위한
성장 도구,
씽크와이즈

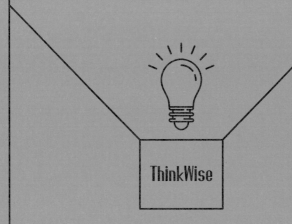

씽크와이즈,
생각을 현실로 전환하는 도구

우리는 보통 하루에 약 5만 가지의 생각을 한다. 그중 일부는 우리의 삶과 업무에 큰 영향을 미칠 수 있는 아이디어들이다. 하지만 이들을 효과적으로 정리하고 실행에 옮기지 않으면, 그 가치를 잃어버린다. 이럴 때 필요한 것이 바로 '씽크와이즈'와 같은 도구이다.

씽크와이즈는 생각을 체계적으로 정리하고 현실로 전환하는 데 필수적인 도구이다. 씽크와이즈가 아이디어를 구조화하고, 계획을 세우며, 실행 단계에 이르기는 전 과정을 돕기 때문이다. 씽크와이즈에서 맵을 작성하면 복잡한 생각과 아이디어를 한눈에 볼 수 있게 시각화하기 때문에 간결하고 명료하게 생각이 정리된다.

정리된 생각을 바탕으로 목표를 명확하게 설정하고 진행 상황을 파악해 나가면, 각 단계별로 필요한 조정을 할 수 있고, 결과를 분석하고 향후 개선점을 도출하는 데 필요한 피드백도 제공할 수 있게 된다.

학생들은 공부 계획을 세우고 지식을 체계화하는 데 도움을 받을 수 있으며, 일반인들은 일상 업무나 개인적인 목표를 관리하는 데 유용하게 쓸 수 있다. 전문가들이 복잡한 프로젝트를 관리하고, 팀과의 협업을 원활하게 하는 데 씽크와이즈는 필수라고 생각한다.

다시 말하면, 씽크와이즈로 생각을 정리한다는 것은, 단순한 정리의 개념이 아닌, 개인의 삶과 업무 처리 방식을 혁신적으로 변화시키는 것이며, 창의성과 생산성을 크게 향상시킨다는 의미이다. 씽크와이즈를 사용함으로써 우리는 복잡한 문제를 해결하고, 대규모 프로젝트를 성공적으로 이끌 수 있다. 곧 개인뿐만 아니라 조직 차원에서도 지속 가능한 성장과 혁신이 가능하다는 것이다.

더 나아가 씽크와이즈는 사용자의 생각을 다른 이들과 공유하고 협업할 수 있는 플랫폼이다. 이는 팀워크와 공동의 목표 달성을 위한 소통을 강화하고, 다양한 관점과 아이디어의 융합을 촉진한다. 팀원들은 씽크와이즈를 사용하여 공동의 프로젝트를 계획하고, 진행 상황을 추적하며, 서로의 아이디어를 효과적으로 공유할 수 있다.

씽크와이즈는 사용자 친화적인 인터페이스와 접근성을 갖추고 있어 누구나 쉽게 사용할 수 있다. 이는 기술적 장벽을 최소화하고, 다양한 연령대와 직업군의 사람들이 씽크와이즈를 통해 생각을 정리하고 현실로 전환하는 과정에 쉽게 접근할 수 있다는 의미이다.

이처럼 씽크와이즈는 생각을 현실로 전환하는 강력한 도구로써 우리의 삶과 업무에 긍정적인 변화를 가져온다. 그것은 단순한 생각 정리 도구를 넘어서, 창의적인 아이디어를 실행할 수 있는 계획으로 전환하고, 이를 통해 성과와 성장을 이루는 데 중요한 역할을 한다. 씽크와이즈의 사용은 개인의 성장, 팀의 협업, 조직의 발전에 있어 중요한 이바지하며, 우리 모두에게 변화와 혁신의 기회를 제공한다.

대한민국 청소년들을 위한
씽크와이즈의 힘

　내가 대한민국 청소년들에게 씽크와이즈를 강력하게 추천하는 이유는 씽크와이즈는 단순한 학습 도구를 넘어서, 교육과 성장의 전환점을 의미하기 때문이다. 씽크와이즈는 초등학교 4학년부터 고등학생에 이르기까지, 청소년들이 학습 내용을 효과적으로 이해하고 기억하는 데 큰 도움을 준다. 씽크와이즈를 통해 교과서와 참고도서의 내용을 한 장의 맵으로 요약하면, 복잡한 정보가 구조화되어 학습 효과가 극대화된다.

　학습은 단순히 열심히 하는 것을 넘어서, 뇌가 정보를 인지하고 저장하며 꺼내기 좋은 방식으로 진행될 때 가장 효과적이다. 이를 위해 반복 학습이 중요한 역할을 한다. 씽크와이즈는 이러한 반복 학습을 지원하는 최적의 디지털 마인드맵 도구이다. 청소년들이 씽크와이즈로 학습하는 습관을 형성하면, 대학교에서 전공 과목을 공부할 때나, 사회생활을 할 때도 큰 도움이 될 것이다.

최적의 공부법에 대해서는 프롤로그에서도 언급했듯이 청소년들이 자신만의 학습 스타일을 발견하고 개발하는 것이 중요한데, 씽크와이즈와 같은 도구는 다양한 학습 스타일과 방법을 탐색하고 실험하는 데 도움을 준다. 하버드대 인지심리학 박사 대니얼 T. 윌링햄이 제시한 대로, 마인드맵에 의미를 부여해서 장기기억으로 보낼 때 최소의 노력으로 최대 효과를 얻을 수 있는 진짜 효율적인 공부법이 씽크와이즈를 이용한 공부법인 것이다.

자기 주도 학습은 학생들이 스스로 학습 목표를 설정하고, 자신의 학습 과정을 관리하는 능력을 의미한다. 이는 학습의 동기부여와 책임감을 증진시키며, 평생학습의 기초가 된다. 씽크와이즈는 학생들이 자신의 학습 과정을 시각적으로 파악하고 관리할 수 있도록 돕고 자기 주도 학습을 강화시킨다.

자기 주도 진로 탐색에서도 씽크와이즈는 중요한 역할을 한다. 청소년들은 다양한 진로 옵션을 탐색하고, 각각의 가능성을 시각적으로 구조화할 수 있다. 이는 학생들이 자신의 관심사, 강점, 목표를 명확히 이해하고, 그에 맞는 진로를 탐색하는 데 도움을 준다.

씽크와이즈의 디지털 환경은 청소년들에게 친숙하며, 창의적 사고와 문제해결 능력을 개발하는 데 이바지한다. 이 도구를 통해 학생들은 학습 내용을 개인의 경험과 연결하고, 지식을 더 깊이 있게 만든다. 이는 단순한 암기를 넘어서, 실제 생활과 연관된 의미 있는 학습으로 이어진다. 학생들은 씽크와이즈를 활용하여 복잡한 개념을 쉽게 이해하고, 이를 자기 말로 표현하며, 학습 과정에서의 창의력을 발휘할 수 있다.

또한 씽크와이즈는 정보의 구조화와 시각화를 통해 학습자의 집중력과 기억력을 강화한다. 청소년들은 씽크와이즈를 사용하여 복잡한 과학 개념, 역사적 사건, 수학 공식 등을 시각적 맵으로 구현함으로써, 개념들을 더 쉽게 이해하고 기억할 수 있다. 이 과정은 학습의 효율성을 높이고, 시험 준비에도 큰 도움이 된다.

씽크와이즈를 통한 학습은 청소년들이 자신의 학습 방식을 스스로 관리하고, 주도적으로 학습하는 데 중요한 역할을 한다. 이는 청소년들에게 자기 주도성과 책임감을 길러 주며, 평생학습의 기초를 마련해 준다. 씽크와이즈를 활용한 학습은 자신감을 증진하고, 학업 성취에 대한 만족감을 높여, 학습에 대한 긍정적인 태도를 형성하는 데에도 이바지한다.

씽크와이즈의 활용은 또한 청소년들이 학교 내외의 활동을 통합적으로 관리하는 데 도움을 준다. 학업, 동아리 활동, 자원봉사, 취미 등 다양한 활동을 씽크와이즈를 통해 관리하면, 청소년들은 자신의 시간과 에너지를 보다 효율적으로 분배할 수 있다. 이는 학생들이 다양한 활동을 균형 있게 관리하며, 자신의 역량을 극대화하는 데 중요하다.

씽크와이즈는 학생들에게 미래의 직업 세계에 필요한 중요한 기술들을 개발하는 데도 도움을 준다. 문제해결, 창의적 사고, 협업, 정보 관리 등 씽크와이즈를 통해 개발되는 기술들은 미래의 직업 세계에서 중요한 역량으로 간주된다.

결국, 씽크와이즈를 학습 도구로 잘 활용한 청소년과 그렇지 못한 청소년을 비교해 볼 때, 단순히 학업 성취도의 높고 낮음의 차이만 있는 것이 아니라는 말이다. 씽크와이즈를 개발한 정영교 대표님이 그의 책 『PQ 능력시대』에서 강조한 '프로젝트 능력'을 갖춘 미래 인재로 성장하느냐 못하느냐의 갈림길에 있는 것이다.

현재 우리는 4차 산업혁명 시대를 살고 있다. 청소년들이 어른으로 살아가야 할 미래는 현재보다 훨씬 더 고도화된 시대일 것이다. 초연결 융복합이 중요한 시대를 주도할 인재는 지식정보 시대 인재와는 달라야 한다. 완전 처음 보는 문제 상황과 전혀 새로운 환경에 맞닥뜨렸을 때 기존에 알고 있는 지식을 활용해서 슬기롭게 문제를 해결해 나갈 능력이 있는 사람. 씽크와이즈로 공부하는 습관을 들이면 자기경영 능력과 프로젝트 능력을 갖춰 나갈 수 있기 때문에 나는 우리 청소년들에게 씽크와이즈를 자유롭게 사용하는 환경과 기회를 꼭 만들어 주고 싶다.

나는 씽크와이즈 광주센터를 맡아 운영하고 있다. 광주는 수도권이나 타 지역에 비해 대기업 생산시설이 적고, 경제기반도 상대적으로 취약한 실정이다. 그러나 역으로 말하면 초연결 융복합을 핵으로 하는 새로운 산업 모델을 시작하기 좋은 조건이 될 수도 있다. 광주 청소년들은 학업성취도가 우수하고, 학부모들이 자녀 교육에 관심이 많기 때문에, 씽크와이즈로 프로젝트 능력을 키워 나간다면 이것은 광주 청소년들에게 절호의 기회가 될 수 있다고 생각한다.

원북원맵,
교과서 공부나 책 정리에 새로운 차원 학습

학습은 무한한 가능성의 여정이다. 이 여정에서 '씽크와이즈'와 '원북원맵'이라는 두 도구는 우리의 가장 친한 동반자가 되어 준다.

원북원맵은 우리가 읽은 한 권의 책이나 교과서를 단 한 장의 맵으로 요약하는 마법 같은 방법이다. 생각해 보라, 복잡한 내용들이 간단하고 명료하게 한눈에 들어올 수 있다면 얼마나 멋질까!

그럼, 에빙하우스의 망각곡선에 관해 이야기해 볼까? 우리는 새로운 정보를 배우고 난 뒤, 시간이 지날수록 점점 더 많은 것들을 잊어버리곤 한다. 하지만 반복 학습을 통해 우리는 이 정보들

을 더 오래 기억할 수 있다. 이 원리를 적용한 것이 원북원맵이
다. 복잡한 교과서나 책의 내용을 간결한 맵으로 만들고, 이를 반
복적으로 복습함으로써 망각의 곡선을 이겨 낼 수 있다.

씽크와이즈를 이용해 교과서를 하나의 맵으로 요약하는 과정
을 간단하게 살펴보자. 씽크와이즈는 마인드맵에 기초한 프로그
램이다. 우리의 뇌는 좌뇌와 우뇌로 나뉘는데, 각각 맡은 역할이
다르다. 마인드맵은 인간의 무순서 다차원적인 생각을 핵심어와
이미지를 사용해 마치 지도를 그리듯이 방사형으로 펼쳐서 정리
하는 기법을 말하는데, 좌뇌와 우뇌를 동시에 자극해서 시너지
가 생기니 학습효과는 배가 된다.

함께 상상해 보자. 새 학기가 되었다. 새로 만나게 될 담임선
생님이 어떤 분이실지, 어떤 친구들을 만나게 될지 기대되며 설
렌다. 방학 동안 다음 학기 교과서를 읽어 보며 씽크와이즈로 맵
핑하며 예습했다면, 아마 수업 시간도 기대될 것이다.

원북원맵을 다른 말로 표현하면 "내가 만든 나의 맵"이다. 내
서랍을 내가 정리하면, 어떤 물건이 어디쯤 위치해 있는 지 금방
생각나는 것처럼, 원북원맵도 교과서를 내가 스스로 내용 정리

하고 씽크와이즈로 맵핑한 후 복습하기를 반복해서 장기기억으로 저장하는 것이기 때문에 특정 내용을 떠올렸을 때, 어느 대단원에 몇 번째 소목차였는지 기억하게 된다.

원북원맵을 만들기 위해서 우선 교과서를 한 권 준비한다. 처음 원북원맵을 시작할 때는 사회나 과학 같은 암기 과목이 마인드맵 방법을 익히기에 좋다. 먼저 과목의 대단원명을 마인드맵으로 정리하고 스토리텔링으로 의미를 부여해서 외운다. 중단원, 소단원 목차도 맵핑하고 본문 내용 요약을 시작한다. 여러 번 읽고 반복하며 핵심단어와 핵심 문장을 찾고 핵심 단어 간 연결고리를 찾아 씽크와이즈로 맵핑한다.

이때 개념과 개념을 연결하거나 개념과 사례를 연결하고, 패턴을 인식하고, 경로를 연상하는 등 다양한 암기비법들이 동원된다. 씽크와이즈의 다양한 기능들을 활용해서 맵에 사진을 넣거나, 영상자료를 하이퍼링크로 연결해서 맵을 풍성하게 만든다.

이렇게 스스로 만든 맵을 가지고 가지를 펴거나 접어가며 예습과 복습을 하고, 시험 준비를 한다. 어느 정도 내용이 외워지면 요약된 내용을 함축화하며 구조화 단계를 줄여간다. 교과서 한

권이 맵 하나로 만들어지고, 자려고 누우면 눈앞에 맵핑한 과목의 내용이 통째로 펼쳐지는 놀라운 경험을 하게 된 아이들은 이제 공부에 자신감이 생긴다. 공부가 재밌다. 암기 과목이 아니라 수학, 영어 등 다른 과목도 맵핑을 시작하고, 교과목뿐만 아니라 자신의 미래를 씽크와이즈로 맵핑하며 장래 계획을 세우고 꿈을 이루기 위해 계획을 실천해 나간다.

이 모든 과정을 씽크와이즈 소속 숙련된 강사들이 아이들을 전담하여 코칭하며 도와준다.

원맵원북의 또 다른 핵심 원리는 하브루타와 메타인지 학습법을 접목한 것이다. 학생은 핵심어와 핵심구절을 찾으며 스스로 맵핑한 내용을 코치에게 설명한다. 자기가 정리한 내용을 코치에게 설명하는 동안, 학생은 자신이 '아는 것은 안다, 모르는 것은 모른다'는 사실을 스스로 알게 된다. 인지의 인지, 곧 메타인지가 작동한다. 본인이 이해하지 못한 개념이나 내용은 인터넷 강의를 듣거나 보충 학습을 하고 맵을 수정한 후, 다시 코치에게 설명하는 과정을 거치면서 교과 내용을 빈틈없이 공부하게 되고, 이해의 완성도가 깊어지는 것이다.

이러한 학습 방법은 학생들에게만 국한되지 않는다. 어른들도 자신들이 읽은 책이나 공부한 내용을 원북원맵으로 정리함으로써, 지식을 더 오래 기억하고 새로운 아이디어를 발전시키는 데 사용할 수 있다. 심지어 강사나 대학교수들도 강의 내용을 효율적으로 정리하고 학생들에게 더욱 쉽고 명확하게 전달하기 위해 씽크와이즈를 사용한다.

특히 씽크와이즈의 모바일 앱은 어디서나 학습할 수 있게 해 준다. 버스에서, 카페에서, 심지어 침대에 누워서도 맵을 열어 볼 수 있다. 이런 유연성은 우리가 시간과 장소에 구애받지 않고 학습할 수 있게 해 준다.

원북원맵과 씽크와이즈가 교육의 미래를 어떻게 바꿀 수 있을지 상상해 보라. 이 도구들은 학습을 더욱 효과적이고 재미있게 만들 뿐만 아니라, 모든 연령대에 새로운 지식을 탐색하고 발전시킬 수 있는 기회를 제공한다. 이것이 바로 씽크와이즈의 진정한 매력이다. 복잡한 지식을 간단하고 이해하기 쉬운 형태로 변환함으로써, 우리는 모두 더 빠르고 효율적으로 학습할 수 있다.

생각해 보라. 어린 학생부터 대학교수, 직장인에 이르기까지 누구나 씽크와이즈를 사용하여 자신만의 맞춤형 학습 경로를 개발하는 모습을. 이러한 개인화된 학습 접근법은 우리가 지식을 습득하고 활용하는 방식을 근본적으로 변화시킨다. 이것이 바로 원북원맵과 씽크와이즈가 교육에 가져올 혁신적인 변화이다.

원북원맵을 사용하면, 한 권의 책이나 교과서의 내용을 하나의 맵으로 요약할 수 있다. 이 맵은 복잡한 내용을 간소화하고, 중요한 부분을 강조하여 학습 과정을 더욱 효율적으로 만든다. 이런 방식은 학습자가 핵심 개념과 아이디어를 더 빨리 이해하고 기억하는 데 도움을 준다.

씽크와이즈와 원북원맵은 교육을 더욱 즐거운 경험으로 만든다. 학습은 단순히 정보를 암기하는 것이 아니라, 새로운 아이디어를 탐색하고 창의적으로 생각하는 과정으로 승화시킨다. 이 과정을 통해 우리는 지식을 더 깊이 이해하고, 더욱 창의적으로 사고할 수 있게 된다.

3장

작가가 들려주는
씽크와이즈
활용법

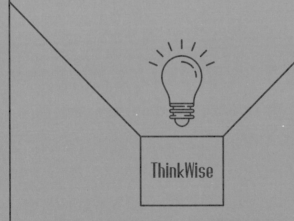

ThinkWise

기록의 힘:
씽크와이즈로 검증된 경험

기록은 우리의 생각과 경험을 담는 중요한 수단이다. 디지털 시대에는 다양한 형태의 기록이 가능해졌고, 특히 씽크와이즈 같은 도구는 기록의 방식을 혁신적으로 변화시킨다. 씽크와이즈를 활용한 기록은 다음과 같은 형태로 나타날 수 있다:

(1) 일기 쓰기

씽크와이즈를 이용하여 일기를 작성하는 것은 단순한 기록을 넘어서, 일상의 사건들을 연결하고 분석하는 과정이 된다. 감정, 사건, 생각을 맵 형태로 조직함으로써, 개인은 자기 경험을 더 깊이 이해하고 성찰할 수 있다.

(2) 비전과 미션 구상

개인이나 조직의 비전과 미션을 씽크와이즈로 구상하면, 이러한 목표들이 시각적이고 구체적인 형태로 나타난다. 이는 목표 달성을 위한 구체적인 경로를 설정하는 데 도움을 준다.

(3) 핵심 가치 정리

씽크와이즈를 통해 개인이나 조직의 핵심 가치를 정리하면, 이들 가치가 서로 어떻게 연결되어 있는지 명확히 볼 수 있다. 이는 가치 기반의 의사결정을 더욱 쉽게 만든다.

(4) 리포트 및 기획서 작성

학생들은 씽크와이즈를 사용하여 공부한 내용을 정리하고 리포트를 작성할 수 있다. 직장인과 기업가들은 기획서나 프로젝트 제안서를 효과적으로 구성할 수 있다.

(5) 책 쓰기

저자들은 씽크와이즈를 활용하여 책의 구조를 설계하고, 각 장과 절의 내용을 조직화할 수 있다. 이는 책 작성 과정을 더 체계적이고 효율적으로 만든다.

씽크와이즈의 맵은 한글이나 워드 문서로 쉽게 변환된다. 학생들이 공부하며 씽크와이즈로 메모한 내용이나, 직장인들이 맵에 기록한 업무, 개인의 생각을 정리한 맵, 심지어 지방자치단체의 공무원이 씽크와이즈로 작성한 보고서도 쉽게 한글이나 워드 문서로 변환할 수 있다. 이러한 변환 기능은 씽크와이즈를 더 넓은 범위에서 사용할 수 있게 해 준다.

씽크와이즈를 사용한 기록은 단순히 정보를 저장하는 것을 넘어서, 지식의 창조와 공유에 이바지한다. 학생들은 이를 통해 공부 내용을 더 깊이 이해하고, 시험을 준비할 수 있다. 직장인들은 프로젝트 계획과 진행 상황을 명확하게 관리할 수 있으며, 기업과 조직은 전략적인 의사결정을 내리는 데 필요한 정보를 효과적으로 정리할 수 있다.

또한 씽크와이즈를 사용하는 과정에서 개인과 조직은 자신들의 사고방식과 접근 방법을 재평가하고 개선할 수 있는 기회를 얻는다. 이 도구는 복잡한 아이디어를 시각화하고, 정보를 관리하는 새로운 방법을 제공한다. 이러한 시각적 표현은 사고를 명료하게 하고, 복잡한 문제를 해결하는 데 도움을 준다.

씽크와이즈는 또한 창의적 사고와 혁신을 촉진한다. 맵을 사용하여 아이디어를 구조화하고, 서로 다른 생각을 연결함으로써 새로운 통찰력을 얻게 한다. 이는 연구, 개발, 마케팅 등 다양한 분야에서 새로운 아이디어와 해결책을 찾는 데 이바지한다.

이러한 과정은 특히 교육 분야에서 중요한 의미를 가진다. 씽크와이즈를 활용하여 학습자는 정보를 단순히 외우는 것이 아니라 이해하고 연결하여 자신만의 지식 세계를 구축할 수 있다. 이는 교육의 질을 높이고, 학습자의 창의력과 비판적 사고 능력을 발전시킨다.

결론적으로, 씽크와이즈는 기록을 통한 지식의 창출과 공유에 중요한 역할을 한다. 이는 개인의 성장과 조직의 발전을 촉진하며, 교육과 사회 전반에 긍정적인 영향을 미친다. 씽크와이즈의 활용은 우리가 정보를 이해하고 활용하는 방식을 혁신적으로 변화시키며, 더 나은 미래를 만드는 데 이바지한다.

맞춤형 인생 설계 및
재무 설계의 파트너

우리의 삶은 긴 여정으로, 대부분 80~90년, 심지어 100년까지 이어진다. 이 긴 여정에는 교육, 직장, 결혼, 주택 마련, 자녀 출산과 교육, 은퇴 등 수많은 중요한 이벤트가 있다. 이러한 각각의 이벤트는 예상치 못한 비용을 수반하며, 이를 대비하는 것은 인생의 안정과 행복에 큰 영향을 미친다.

인생을 설계할 때 정확한 금융 계획이 없으면, 우리는 불확실한 미래에 쉽게 휘둘릴 수 있다. 이런 상황에서 씽크와이즈는 맞춤형 인생 설계와 재무 설계 측면에서 중요한 역할을 한다. 씽크와이즈는 개인의 인생 목표와 재무 목표를 시각적으로 나타내며, 각 이벤트에 필요한 준비 과정을 체계적으로 계획할 수 있게 해

준다.

이러한 맞춤형 계획은 각 이벤트에 필요한 자금의 규모, 준비 시기, 방법을 명확히 해 준다. 예를 들어, 자녀 교육 자금을 계획할 때 씽크와이즈는 교육비의 예상 증가율, 자녀의 나이, 교육과정 등을 고려하여 맵을 만들 수 있다. 이것은 단순한 금액 계산을 넘어서, 미래에 대한 체계적인 준비를 가능하게 한다.

가족 단위에서도 씽크와이즈는 큰 장점을 가진다. 가족 구성원 모두가 참여하여 각자의 목표와 계획을 맵에 통합함으로써, 가족 전체의 재무 계획을 한눈에 볼 수 있다. 이러한 계획은 가족 간의 목표를 조율하고, 공동의 재무 목표를 설정하는 데 도움을 준다.

특히 은퇴 계획에 있어서 씽크와이즈의 활용은 은퇴 후 생활비, 건강관리 비용, 여가 활동 등을 포함한 노후 생활을 체계적으로 준비하는 데 도움을 준다. 부채 관리에 있어서도 씽크와이즈는 부채 상환 계획을 맵으로 만들어, 상환 기간, 이자율, 월별 상환액을 명확하게 계획할 수 있어, 부채를 효율적으로 관리하고 재정적 압박을 줄이는 데 유용하다.

씽크와이즈를 활용한 맞춤형 인생 설계와 재무 설계는 단순한 기록 도구를 넘어서, 삶을 설계하고 꿈을 실현하는 중요한 역할을 한다. 이 도구를 통해 우리는 더 나은 미래를 위한 단계별 계획을 세울 수 있으며, 재무적으로 안정적이고 만족스러운 삶을 영위할 수 있다. 씽크와이즈는 불확실한 미래에 대한 두려움을 줄여 주며, 우리가 가지고 있는 재정적 목표를 명확하게 하고, 그 목표에 도달하기 위한 구체적인 방법을 제시한다.

학생, 직장인, 사업가, 은퇴자 등 삶의 다양한 단계에 있는 모든 사람이 자신의 상황에 맞는 재무 계획을 수립할 수 있다. 씽크와이즈를 통한 계획은 각자의 재정적 상황을 더 잘 이해하고, 적절한 재무적 결정을 내릴 수 있게 해 준다.

가족 간의 대화와 협력을 촉진하는 것도 씽크와이즈의 중요한 이점 중 하나이다. 가족 구성원들이 각자의 목표와 계획을 공유하고, 서로의 꿈을 지원하는 과정은 가족 간의 유대를 강화하고, 함께 성장하는 기회를 제공한다.

씽크와이즈를 활용한 맞춤형 인생 설계 및 재무 설계는 현대인에게 필수적인 요소이다. 이를 통해 우리는 자신과 가족의 미래를 더 명확하게 그리고, 단계별로 필요한 준비를 체계적으로 할 수 있다. 씽크와이즈는 우리 삶의 질을 높이고, 더 나은 미래를 향해 나아가는 데 중요한 동반자가 된다.

결론적으로, 씽크와이즈를 통해 우리는 장기적인 목표와 꿈을 실현하기 위한 구체적인 단계들을 시각적으로 나타낼 수 있으며, 재무적인 부분뿐만 아니라 삶의 전반적인 질을 향상시킬 수 있다. 이러한 맞춤형 계획은 더 확신에 찬 결정을 내리는 데 도움을 줄 뿐만 아니라, 불안감을 줄이고 더 나은 미래를 위한 단단한 기반을 마련해 준다.

자녀 교육에 초등부터
씽크와이즈를 적용했다면

내 가족에 대해 이야기하자면, 환경은 어려웠지만 서로 사랑하며 존중해 주었다. 나는 아들이 둘 있다. 어려서부터 할아버지 할머니를 모시고 살아서인지 예의가 바르고 서로에게 든든한 지지자가 되어 주었다. 전교생이 10명도 채 되지 않는 여수시 외곽의 작은 시골 분교에서 학교를 다녔는데, 사교육은 꿈도 꾸기 어려운 상황이었다.

그 시절, 씽크와이즈로 두 아들을 교육했다면 어땠을까? 생각해 본다. 씽크와이즈가 개발된 지 30년이 넘었지만, 큰아들이 초등학교 4학년일 때는 아직 그 기회가 많지 않았다. 만약 그때 자기 주도 학습을 씽크와이즈로 했다면, 아이들은 사교육 없이도 학습에서 뒤처지지 않았을 것이다.

현재 씽크와이즈의 교육대상은 초등학교 5학년부터이다. 교과서 내용을 원북원맵으로 만들어 학습하고, 권장 도서도 씽크와이즈로 목차를 만들어 읽고 정리하는 습관을 잡아 나가도록 교육한다. 이는 자기 주도 학습이 가능한 최적의 환경을 제공하는 것이다.

내 아들들은 중학교 때까지 시골에서 생활하느라 사교육도 받지 못했고, 조부모님과 함께 생활했고, 교육환경도 열악했다. 고등학교에 들어가고 나서야 본격적으로 공부를 시작했다. 현재는 어엿한 사회인으로서 직장 생활을 잘하고 있으며, 사회성도 뛰어나다. 그럼에도 초등학교 때 제대로 된 학습 지도를 해 주지 못한 것이 부모로서 아직도 마음에 걸리고 못내 아쉽다.

이 책을 읽고 있는 부모님들께 말씀드리고 싶다. 자녀들이 어떠한 환경에서 자라든, 씽크와이즈를 이용해서 스스로 공부할 수 있는 자기 주도 학습 환경을 만들어 준다면, 아이들은 미래 세계가 요구하는 창조적이고 주도적인 글로벌 인재로 성장할 수 있다.

씽크와이즈는 단순히 학습 도구가 아니다. 아이들이 복잡한 문제를 해결하고, 창의적으로 사고하며, 자신의 학습을 주도적으로 관리할 수 있는 능력을 기르는 데 도움을 주는 학습매니저이다. 아이들이 미래에 어떤 도전적인 상황에 직면하더라도 스스로 문제를 해결해 나갈 수 있는 힘을 기르게 도와준다.

만약 우리 아들들을 초등학교 때부터 씽크와이즈로 공부하게 했다면, 우리 아이들의 학습 방식과 능력은 지금과는 완전히 다른 차원에 있었을 것이다. 씽크와이즈는 아이들이 자신의 학습 과정을 직접 기획하고, 복잡한 정보를 체계적으로 정리하며, 학습 내용을 깊이 있게 이해하도록 도와준다. 이러한 과정은 아이들이 스스로 학습에 대한 책임을 지고, 독립적인 사고를 발달시키는 데 중요한 역할을 한다.

또, 초등학교 시절부터 씽크와이즈를 사용했다면, 아이들은 학습에 대한 새로운 관점을 가질 수 있었을 것이다. 공부하는 것은 더 이상 단순한 암기나 시험 준비의 수단이 아니라, 지식을 탐구하고 적용하는 과정으로 인식해서 복잡한 개념과 아이디어를 연결하며 깊이 있는 이해를 도모할 수 있었을 것이다.

이는 특히나 사교육에 의존하지 않고도 효과적인 학습이 가능하다는 것을 의미한다. 씽크와이즈를 활용함으로써, 자녀들은 스스로 학습의 주인공이 되며, 더 높은 수준의 학습 능력과 창의력을 개발할 수 있다.

이러한 경험은 자녀들이 성장하여 사회인이 되었을 때도 큰 도움이 된다. 자기 주도적 학습 능력과 창의적 문제해결 능력은 모든 직업 분야에서 중요한 역량으로 평가받으며, 이는 아이들이 사회에서 성공적인 삶을 영위하는 데 필수적인 요소가 된다.

부모님들이 이 책을 읽으며 자녀 교육에 있어 씽크와이즈의 중요성을 인식하고, 아이들에게 이러한 학습 환경을 제공해 준다면, 그것은 아이들의 미래에 큰 선물이 될 것이다. 씽크와이즈는 단순히 학습 도구를 넘어서, 아이들의 미래를 형성하는 강력한 파트너가 된다.

결국, '초등학교부터 씽크와이즈를 활용했다면'은 단순한 가정이 아니라, 자녀들이 미래의 성공적인 글로벌 인재로 성장하기 위한 효과적인 방법을 제시하는 것이다. 이를 통해 우리 아이들은 무한한 가능성을 펼칠 수 있으며, 미래 세계에서 자신의 자리를 찾아 나갈 것이다.

4장

씽크와이즈 협업,
효율성에
날개를 달다

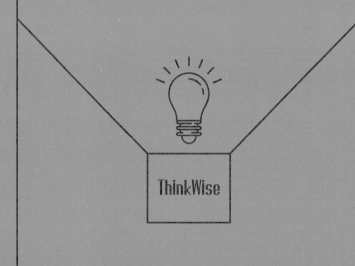

ThinkWise

씽크와이즈의 세계,
기본부터 이해하기

생각 정리 도구 씽크와이즈는 전 세계적으로 인정받으며, 생각의 혁명을 이끌고 있다. 이 도구의 창조자, 정영교 대표이사는 한양대학교와 미국 오리건 주립대학교에서 산업공학을 전공한 뒤, 미국 SimSoft사에서의 경험을 바탕으로 1991년 귀국하여 ㈜심테크시스템을 설립하고 국내 최초의 그래픽 시뮬레이션 시스템 SimPlus를 개발했다. ThinkWise와 MindMapper는 전 세계 96개국에 수출되며, 그의 지도력과 혁신성을 입증했다. 그의 저서 『프로젝트 능력』과 『창의적 사고의 기술』은 씽크와이즈의 철학을 잘 반영하고 있다.

씽크와이즈에서 '프로젝트'는 '명확한 목표와 일정이 있는 모든 일'을 의미한다. 이러한 정의는 초등학교에서부터 고등학교, 대학교에 이르기까지 교육의 모든 단계에 적용되며, 인성, 지성, 자기주도성을 강조한다. 특히 대학교에서는 전공 지식을 넘어서서 발상, 소통, 협업, 관리 및 학습과 같은 프로젝트 능력 향상에 중점을 두어 교육한다. 이는 대한민국에서 학생, 일반인, 전문가 모두가 지속적인 배움과 성장에 대한 갈증을 느끼고 있음을 반영한다. 씽크와이즈는 이러한 요구에 부응하기 위해 계속해서 새로운 기술과 프로그램을 개발하고 있다.

이어령 전 문화부장관은 씽크와이즈의 중요성을 인식하고 『프로젝트 능력』이라는 책을 추천하며, 씽크와이즈를 통해 잠깐 떠오르는 아이디어를 체계적으로 구조화하고 상상할 수 없는 새로운 차원의 조감적, 관계적 발상을 가능케 함으로써 창의적 아이디어로 이어지게 한다고 언급했다. 특히 씽크와이즈는 맵핑과 플래너를 연결한 개념을 도입하여, 전통적인 글쓰기 방식을 변화시켰다. 많은 저자들이 기존의 워드 프로세서 대신 씽크와이즈를 사용하여 책을 쓰면서, 생각을 조직하고 표현하는 새로운 방법을 발견했다.

씽크와이즈의 세계는 단순히 도구를 넘어, 사고의 방식을 혁신한다. 이는 개인의 창의력과 효율성을 극대화하며, 그들이 세상을 바라보는 방식을 변화시킨다. 이 도구는 개인적인 생각 정리부터 전문적인 협업에 이르기까지 다양한 상황에서 유용하게 활용된다. 씽크와이즈는 사용자에게 명확하고 조직적인 사고방식을 제공하며, 복잡한 정보를 쉽게 관리하고 이해할 수 있는 구조를 만들어 낸다.

정영교 대표이사의 리더십 아래 개발된 씽크와이즈는 효과적인 의사소통과 협업을 가능하게 하는 독특한 기능들을 제공한다. 이를 통해 사용자들은 생각과 아이디어를 더욱 명확하고 창의적으로 표현할 수 있게 되었다. 또한 이 도구는 사용자가 자신의 생각을 시각적으로 표현하고, 복잡한 개념과 프로젝트를 간소화하며, 아이디어를 더욱 효과적으로 전달할 수 있도록 돕는다.

씽크와이즈의 성공은 단순히 기술적인 혁신뿐만 아니라, 교육과 사회 전반에 걸친 깊은 영향력에서도 드러난다. 학교와 대학에서는 이 도구를 활용하여 학생들의 창의력과 자기주도성을 촉진하며, 기업과 조직에서는 팀워크와 협업을 강화하는 데 사용된다. 이러한 방식으로 씽크와이즈는 다양한 분야에서 혁신적인 사고와 효율적인 작업 수행을 가능하게 한다.

씽크와이즈는 단순한 도구 이상의 것, 생각의 변화를 이끄는 혁신적인 기술이다. 이 도구를 사용함으로써 당신은 단순히 정보를 정리하는 것을 넘어, 창의적이고 체계적인 사고방식을 개발하게 된다. 씽크와이즈를 통해 우리는 복잡한 세계를 더욱 명확하고 이해하기 쉬운 형태로 변환할 수 있으며, 이는 궁극적으로 우리의 생각과 행동에 긍정적인 변화를 가져온다. 이 책은 씽크와이즈가 어떻게 이러한 변화를 이끌어 내는지 그리고 왜 이 도구가 오늘날 필수적인지를 탐구하고자 한다.

협업과 소통의 새로운 지평:
씽크와이즈의 활용

씽크와이즈는 단순히 생각 정리 도구를 넘어서, 협업과 소통의 새로운 지평을 열고 있다. 이 장에서는 씽크와이즈가 어떻게 협업과 소통을 혁신적으로 변화시키는지를 살펴본다.

(1) 씽크와이즈의 협업 장점

씽크와이즈의 가장 큰 차별점 중 하나는 바로 협업이다. 디지털 마인드맵 형식의 협업은 공동의 목적과 목표를 가지고 프로젝트를 진행하는 데 중요한 역할을 한다. 두 명 이상의 사용자가 함께 주제를 정하고, 맵을 만들어 의견을 나눌 수 있다. 이러한 방식은 공동 작업의 효율성을 크게 높여준다.

(2) 동시 작업의 가능성

협업을 통해 생성된 맵에서는 참여자들이 각자 동시에 작업을 진행할 수 있다. 이는 작업의 속도를 높이고, 다양한 아이디어와 의견이 실시간으로 교환될 수 있게 만든다. 팀원 각자가 자신의 부분을 맡아 동시에 작업하면서도 전체적인 프로젝트의 진행 상황을 쉽게 파악할 수 있다.

(3) 중소기업과 지자체에서의 활용

중소기업이나 지자체에서도 씽크와이즈는 큰 도움이 된다. 다양한 관리 문서들을 팀원들과 공유하고, 필요할 때마다 쉽게 접근하여 활용할 수 있다. 공동 협업 맵을 통해 문서들을 링크시켜 두면, 필요한 정보를 빠르게 찾아 사용하거나 필요한 업체에 즉시 전달하는 것이 가능하다.

(4) 교육 분야에서의 혁신적 활용

교사나 강사는 씽크와이즈를 활용하여 수강생들과의 쌍방향 정보 교환을 실시간으로 진행할 수 있다. 이는 교육과정에서의 참여와 상호작용을 크게 향상시키며, 학습 효과를 극대화한다.

(5) 대규모 조직에서의 협업 효과

지자체와 같은 대규모 조직에서도 씽크와이즈는 효과적이다. 수십 명에서 수백 명에 이르는 대규모 팀에서도 씽크와이즈를 통해 협업할 수 있으며, 이는 조직의 효율성과 의사소통을 극대화한다.

(6) 개인과의 협업

협업은 반드시 다른 사람과 함께하는 것만을 의미하지 않는다. 씽크와이즈를 사용하여 본인 자신과의 협업도 가능하다. 개인 프로젝트나 목표 설정 측면에서 씽크와이즈를 활용하면 생각을 체계적으로 정리하고, 계획을 효과적으로 추진할 수 있다. 이는 개인의 생산성과 목표 달성 능력을 크게 향상시키는 방법이다.

(7) 협업을 통한 아이디어 공유와 확장

씽크와이즈를 사용하면 팀원들과의 아이디어를 쉽게 공유하고 확장할 수 있다. 다양한 관점과 생각이 맵에 시각적으로 표현되면서, 새로운 아이디어와 해결책이 자연스럽게 생성된다. 이러한 상호작용은 프로젝트의 창의성과 혁신성을 높이는 데 중요한 역할을 한다.

(8) 원격 협업의 촉진

특히 원격 근무가 일반화된 현대에서 씽크와이즈는 더욱 중요한 도구이다. 지리적 제약 없이 팀원들과 실시간으로 협업하며, 프로젝트의 진행 상황을 쉽게 공유하고 관리할 수 있다. 이는 원격 근무 환경에서의 효율성과 연결성을 크게 향상시킨다.

(9) 씽크와이즈의 유연성과 사용자 친화성

씽크와이즈는 사용자 친화적인 인터페이스와 유연성을 자랑한다. 다양한 사용자의 필요와 선호에 맞춰서 협업 환경을 조정할 수 있으며, 쉽고 편리하게 맵을 생성하고 수정할 수 있다. 이는 사용자가 씽크와이즈를 빠르게 채택하고 효과적으로 사용할 수 있도록 한다.

씽크와이즈는 협업과 소통을 위한 새로운 지평을 열어 준다. 이 도구를 통해 개인은 자신의 생각을 체계화하고, 팀은 효율적으로 협업하여 목표를 달성할 수 있다. 씽크와이즈는 현대사회에서 소통과 협업의 필수 도구로 자리매김하고 있으며, 이를 통해 우리는 보다 창의적이고 생산적인 방식으로 일할 수 있다.

이 책에서 씽크와이즈의 이러한 장점들을 구체적으로 살펴보

고, 협업과 소통의 새로운 지평을 어떻게 열 수 있는지에 대해 탐

구할 것이다.

5장

고수들의 비법:
씽크와이즈 활용백서

ThinkWise

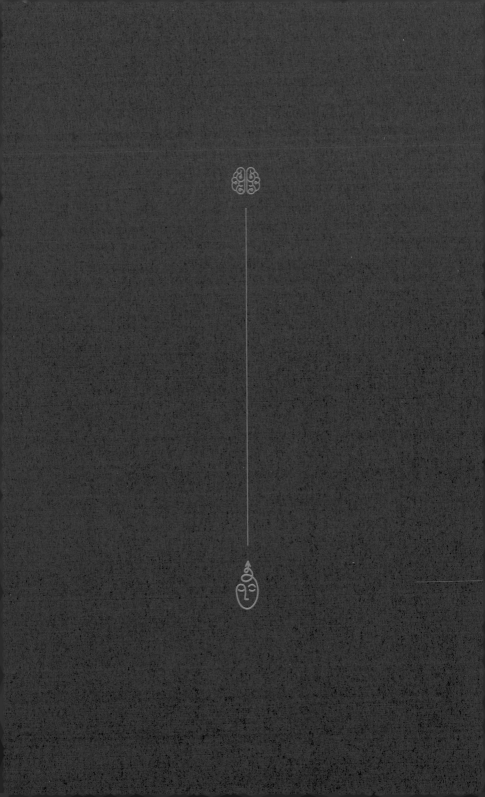

아이디어 기획 및 정리에 **탁월하다**

씽크와이즈는 마인드맵을 작성하는 데 유용한 도구이지만, 그 외에 다양한 용도로 활용할 수 있다. 그중에서도 아이디어 기획 및 정리에 탁월한 도구라는 점이 씽크와이즈의 가장 큰 장점 중 하나이다. 씽크와이즈는 자유로운 사고를 유도하고, 다양한 아이디어를 도출하는 데 도움이 된다. 또한 기존의 지식을 새로운 관점에서 재구성하는 데 도움을 준다. 이러한 특성은 아이디어 기획 및 정리에 매우 유용하다.

씽크와이즈를 활용한 아이디어 기획

씽크와이즈를 활용하여 아이디어를 기획할 때는 다음과 같은 방법을 사용할 수 있다.

목표를 설정한다. 아이디어 기획의 첫 번째 단계는 목표를 설정하는 것이다. 목표를 설정하면 아이디어의 방향을 명확하게 잡을 수 있다.

브레인스토밍을 한다. 목표를 설정한 후에는 브레인스토밍을 통해 다양한 아이디어를 도출한다. 브레인스토밍을 할 때는 기존의 관념에 얽매이지 않고 자유롭게 생각하는 것이 중요하다.

브레인스토밍을 통해 도출한 아이디어를 씽크와이즈를 사용하여 정리한다. 씽크와이즈를 사용하면 아이디어를 시각적으로 표현할 수 있기 때문에, 아이디어의 관계를 쉽게 파악하고, 평가할 수 있다.

씽크와이즈를 활용한 아이디어 정리

기존에 생각했던 아이디어를 정리하거나, 다른 사람의 아이디어를 정리할 때도 씽크와이즈를 활용할 수 있다. 씽크와이즈를 사용하여 아이디어를 정리하면 다음과 같은 효과를 얻을 수 있다.

아이디어를 한눈에 파악할 수 있다.

아이디어의 관계를 쉽게 이해할 수 있다.

아이디어의 강점과 약점을 쉽게 파악할 수 있다.

씽크와이즈는 아이디어 기획 및 정리에 탁월한 도구이다. 씽크와이즈를 활용하여 창의적인 아이디어를 도출하고, 기존의 아이디어를 효과적으로 정리하여 목표를 달성하시기 바란다.

프로젝트 계획 관리에 우수하다

씽크와이즈, 프로젝트 계획 관리의 든든한 파트너

씽크와이즈는 마인드맵을 작성하는 데 유용한 도구이지만, 그 외에 다양한 용도로 활용할 수 있다. 그중에서도 프로젝트 계획 관리에 우수하다는 점이 씽크와이즈의 가장 큰 장점 중 하나이다. 씽크와이즈는 프로젝트의 목표, 일정, 예산, 리소스, 책임 등을 한눈에 파악할 수 있도록 시각적으로 표현할 수 있다. 또한 프로젝트의 진행 상황을 실시간으로 관리하고, 문제가 발생할 경우 신속하게 대응할 수 있도록 도와준다.

씽크와이즈를 활용한 프로젝트 계획 관리

씽크와이즈를 활용하여 프로젝트 계획을 관리할 때는 다음과 같은 방법을 사용할 수 있다.

프로젝트 계획의 첫 번째 단계는 명확한 목표 설정을하는 것이다. 목표를 설정하면 프로젝트의 방향을 명확하게 잡을 수 있다.

목표를 설정한 후에는 일정과 예산을 계획한다. 일정과 예산을 계획면 프로젝트의 진행 상황을 파악한다. 이는 예산을 관리하는 데 도움이 된다.

일정과 예산을 계획한 후에는 리소스와 책임을 배분한다. 리소스와 책임을 배분하면 프로젝트를 효율적으로 진행하는 데 도움이 된다.

프로젝트가 진행되면 진행 상황을 실시간으로 관리한다. 진행 상황을 관리하면 문제가 발생할 경우 신속하게 대응할 수 있다.

씽크와이즈를 활용한 프로젝트 관리의 장점

씽크와이즈를 활용하여 프로젝트를 관리하면 다음과 같은 장점을 얻을 수 있다.

프로젝트의 목표를 명확하게 파악할 수 있다.

프로젝트의 진행 상황을 실시간으로 파악할 수 있다.

문제가 발생할 경우 신속하게 대응할 수 있다.

프로젝트의 효율성을 높일 수 있다.

씽크와이즈는 프로젝트 계획 관리에 우수한 도구이다. 씽크와이즈를 활용하여 프로젝트를 효율적으로 관리하고, 성공적인 결과를 이루기 바란다.

일정 관리 및 스케줄링 측면에서 **최고다**

씽크와이즈, 일정 관리 및 스케줄링의 든든한 파트너

씽크와이즈는 마인드맵을 작성하는 데 유용한 도구이지만, 그 외에 다양한 용도로 활용할 수 있다. 그중에서도 일정 관리 및 스케줄링에 우수하다는 점이 씽크와이즈의 가장 큰 장점 중 하나이다. 씽크와이즈는 일정의 목적, 주요 일정, 하위 일정, 리소스, 책임 등을 한눈에 파악할 수 있도록 시각적으로 표현할 수 있다. 또한 일정의 변경 사항을 쉽게 반영할 수 있고, 일정의 진행 상황을 실시간으로 관리할 수 있도록 도와준다.

씽크와이즈를 활용한 일정 관리 및 스케줄링

씽크와이즈를 활용하여 일정 관리 및 스케줄링을 할 때는 다음과 같은 방법을 사용할 수 있다.

일정 관리 및 스케줄링의 첫 번째 단계는 목표를 설정하는 것이다. 목표를 설정하면 일정의 방향을 명확하게 잡을 수 있다.

목표를 설정한 후에는 주요 일정을 정한다. 주요 일정을 정하면 일정의 전체적인 흐름을 파악하는 데 도움이 된다.

주요 일정을 정한 후에는 하위 일정을 정한다. 하위 일정을 정하면 일정을 세부적으로 계획하는 데 도움이 된다.

하위 일정을 정한 후에는 리소스와 책임을 배분한다. 리소스와 책임을 배분하면 일정을 효율적으로 진행하는 데 도움이 된다.

일정이 진행되면 진행 상황을 실시간으로 관리한다. 진행 상황을 관리하면 문제가 발생할 경우 신속하게 대응할 수 있다.

씽크와이즈를 활용한 일정 관리 및 스케줄링의 장점

씽크와이즈를 활용하여 일정 관리 및 스케줄링을 하면 다음과 같은 장점을 얻을 수 있다.

일정의 목표를 명확하게 파악할 수 있다.

일정의 전체적인 흐름을 파악할 수 있다.

일정을 세부적으로 계획할 수 있다.

일정을 효율적으로 진행할 수 있다.

씽크와이즈는 일정 관리 및 스케줄링에 우수한 도구이다. 씽크
와이즈를 활용하여 일정을 효율적으로 관리하고, 목표를 달성하
기 바란다.

회의록 작성 및 공유에 **효과적이다**

씽크와이즈, 회의록 작성 및 공유의 든든한 파트너

씽크와이즈는 마인드맵을 작성하는 데 유용한 도구이지만, 그 외에 다양한 용도로 활용할 수 있다. 그중에서도 회의록 작성 및 공유에 효과적이라는 점이 씽크와이즈의 가장 큰 장점 중 하나이다. 씽크와이즈를 활용하면 회의의 주요 내용을 한눈에 파악할 수 있도록 시각적으로 표현할 수 있다. 또한 회의록을 쉽게 공유할 수 있고, 회의록을 기반으로 의사결정을 내리거나, 다음 회의를 준비하는 데 도움이 된다.

씽크와이즈를 활용한 회의록 작성 및 공유

씽크와이즈를 활용하여 회의록을 작성할 때는 다음과 같은 방법을 사용할 수 있다.

회의의 첫 번째 단계는 목표를 설정하는 것이다. 목표를 설정하면 회의의 방향을 명확하게 잡을 수 있다.

목표를 설정한 후에는 회의의 주요 내용을 정리한다. 주요 내용을 정리하면 회의의 핵심 내용을 파악하는 데 도움이 된다.

주요 내용을 정리한 후에는 회의록을 공유한다. 회의록을 공유하면 회의에 참석하지 못한 사람들도 회의 내용을 파악할 수 있다.

씽크와이즈를 활용한 회의록 작성 및 공유의 장점

씽크와이즈를 활용하여 회의록을 작성하고 공유하면 다음과 같은 장점을 얻을 수 있다.

회의의 주요 내용을 한눈에 파악할 수 있다.

회의록을 쉽게 공유할 수 있다.

회의록을 기반으로 의사결정을 내릴 수 있다.

다음 회의를 준비하는 데 도움이 된다.

씽크와이즈는 회의록 작성 및 공유에 효과적인 도구이다. 씽크와이즈를 활용하여 회의록을 효율적으로 작성하고 공유하여 회의의 효율성을 높이고, 의사결정을 내리는 데 도움이 되길 바란다.

팀 협업 및 업무 공유에 **효율적이다**

씽크와이즈, 팀 협업 및 업무 공유의 든든한 파트너

씽크와이즈는 마인드맵을 작성하는 데 유용한 도구이지만, 그 외에 다양한 용도로 활용할 수 있다. 그중에서도 팀 협업 및 업무 공유에 효율적이라는 점이 씽크와이즈의 가장 큰 장점 중 하나이다. 씽크와이즈를 활용하면 팀원들이 공동으로 작업하는 프로젝트의 정보를 한눈에 파악할 수 있도록 시각적으로 표현할 수 있다. 또한 씽크와이즈를 통해 팀원들이 의견을 공유하고, 협업을 진행하도록 도와준다.

씽크와이즈를 활용한 팀 협업 및 업무 공유

씽크와이즈를 활용하여 팀 협업 및 업무공유를 할 때는 다음과 같은 방법을 사용할 수 있다.

팀 협업의 첫 번째 단계는 목표를 설정하는 것이다. 목표를 설정하면 팀의 방향을 명확하게 잡을 수 있다.

목표를 설정한 후에는 팀의 업무를 정리한다. 업무를 정리하면 팀의 업무 흐름을 파악하는 데 도움이 된다.

업무를 정리한 후에는 팀원들과 정보를 공유한다. 정보를 공유하면 팀원들이 서로의 작업을 이해하고, 협업을 진행하는 데 도움이 된다.

씽크와이즈를 활용한 팀 협업 및 업무 공유의 장점

씽크와이즈를 활용하여 팀 협업 및 업무 공유를 하면 다음과 같은 장점을 얻을 수 있다.

팀의 목표를 명확하게 파악할 수 있다.
팀의 업무 흐름을 파악할 수 있다.
팀원들과 정보를 쉽게 공유할 수 있다.
팀 협업을 효과적으로 진행할 수 있다.

씽크와이즈는 팀 협업 및 업무 공유에 효율적인 도구이다. 씽

크와이즈를 활용하여 팀 협업을 활성화하고, 업무 효율성을 높이
길 바란다.

블로그 게시물 작성 시 기본이다

씽크와이즈, 블로그 게시글 작성의 든든한 파트너

씽크와이즈는 마인드맵을 작성하는 데 유용한 도구이지만, 그 외에 다양한 용도로 활용할 수 있다. 그중에서도 블로그 게시물 작성 시 기본이라는 점이 씽크와이즈의 가장 큰 장점 중 하나이다. 씽크와이즈를 활용하면 블로그 게시물의 주제와 내용을 한눈에 파악할 수 있도록 시각적으로 표현할 수 있다. 또한 씽크와이즈를 통해 블로그 게시물의 구조를 잡고, 내용을 정리하는 데 도움이 된다.

씽크와이즈를 활용한 블로그 게시물 작성

씽크와이즈를 활용하여 블로그 게시물을 작성할 때는 다음과 같은 방법을 사용할 수 있다.

블로그 게시물 작성의 첫 번째 단계는 주제를 정하는 것이다. 주제를 정하면 블로그 게시물의 방향을 명확하게 잡을 수 있다.

주제를 정했다면 주요 내용을 정리한다. 주요 내용을 정리하면 블로그 게시물의 핵심 내용을 파악하는 데 도움이 된다.

주요 내용을 정리했다면 구조를 잡는다. 구조를 잡으면 블로그 게시물의 내용을 체계적으로 전달할 수 있다.

씽크와이즈를 활용한 블로그 게시물 작성의 장점

씽크와이즈를 활용하여 블로그 게시물을 작성하면 다음과 같은 장점을 얻을 수 있다.

블로그 게시물의 주제와 내용을 한눈에 파악할 수 있다.

블로그 게시물의 구조를 잡고, 내용을 정리할 수 있다.

블로그 게시물을 효과적으로 작성할 수 있다.

씽크와이즈는 블로그 게시물 작성의 기본이다. 씽크와이즈를 활용하여 블로그 게시물의 품질을 높이고, 독자들에게 더 유익한 정보를 제공하기 바란다.

추가로, 씽크와이즈를 활용한 블로그 게시물 작성의 팁을 몇 가지 소개한다.

주제와 관련된 키워드를 정리한다. 키워드를 정리하면 블로그 게시물의 내용을 검색엔진에 최적화할 수 있다.

블로그 게시물의 목차를 작성한다. 목차를 작성하면 블로그 게시물의 내용을 쉽게 이해할 수 있다.

블로그 게시물의 이미지와 영상을 활용한다. 이미지와 영상을 활용하면 블로그 게시물의 내용을 더 효과적으로 전달할 수 있다.

이러한 팁들을 활용하면 씽크와이즈를 활용한 블로그 게시물 작성의 효과를 더욱 높일 수 있다.

명확하고 실현 가능한
개인 목표와 계획을 설정하는 데
효과적이다

씽크와이즈, 개인 목표와 계획 설정의 든든한 파트너

씽크와이즈는 마인드맵을 작성하는 데 유용한 도구이지만, 그 외에 다양한 용도로 활용할 수 있다. 그중에서도 명확하고 실현 가능한 개인 목표와 계획을 설정하는 데 효과적이라는 점이 씽크와이즈의 가장 큰 장점 중 하나이다. 씽크와이즈를 활용하면 개인의 목표와 계획을 한눈에 파악할 수 있도록 시각적으로 표현할 수 있다. 또한 씽크와이즈를 통해 목표와 계획을 체계적으로 세우고, 관리하는 데 도움이 된다.

씽크와이즈를 활용한 개인 목표와 계획 설정

씽크와이즈를 활용하여 개인 목표와 계획을 설정할 때는 다음과 같은 방법을 사용할 수 있다.

개인 목표와 계획 설정의 첫 번째 단계는 목표를 정하는 것이다. 목표를 정하면 개인의 방향을 명확하게 잡을 수 있다.

목표를 정했다면 목표를 세분화한다. 목표를 세분화하면 목표를 달성하기 위한 구체적인 계획을 세울 수 있다.

목표를 세분화했다면 계획을 수립한다. 계획을 수립하면 목표를 달성하기 위한 실천적인 방법을 마련할 수 있다.

씽크와이즈를 활용한 개인 목표와 계획 설정의 장점

씽크와이즈를 활용하여 개인 목표와 계획을 설정하면 다음과 같은 장점을 얻을 수 있다.

개인의 목표와 계획을 한눈에 파악할 수 있다.

목표와 계획을 체계적으로 세우고, 관리할 수 있다.

목표를 달성할 가능성을 높일 수 있다.

씽크와이즈는 명확하고 실현 가능한 개인 목표와 계획을 설정하는 데 효과적인 도구이다. 씽크와이즈를 활용하여 개인의 목표와 계획을 설정하고, 이루고자 하는 바를 달성하기 바란다.

추가로, 씽크와이즈를 활용한 개인 목표와 계획 설정의 팁을 몇 가지 소개한다.

목표를 SMART하게 설정한다. SMART란 Specific, Measurable, Achievable, Relevant, Time-bound의 약자로, 목표를 설정할 때는 이러한 요소들을 고려하는 것이 좋다.

목표와 계획을 꾸준히 점검한다. 목표와 계획을 수립했다면 꾸준히 점검하여 수정이나 보완이 필요한 부분을 확인한다. 목표와 계획을 실천하는 데 도움을 주는 사람들과 함께한다. 목표와 계획을 실천하는 데 도움을 주는 사람들과 함께하면 동기부여도 생기고, 목표를 달성할 가능성을 높일 수 있다. 이러한 팁을 활용하면 씽크와이즈를 활용한 개인 목표와 계획 설정의 효과를 더욱 높일 수 있다.

체계적으로 학습 자료를 정리하고 공유하는 것은 유익하고 효율적이다

씽크와이즈, 학습 자료 정리 및 공유의 든든한 파트너

씽크와이즈는 마인드맵을 작성하는 데 유용한 도구이지만, 그 외에 다양한 용도로 활용할 수 있다. 그중에서도 체계적인 학습 자료 정리 및 공유에 유익하고 효율적이라는 점이 씽크와이즈의 가장 큰 장점 중 하나이다. 씽크와이즈를 활용하면 학습 자료의 핵심 내용을 한눈에 파악할 수 있도록 시각적으로 표현할 수 있다. 또한 씽크와이즈를 통해 학습 자료의 내용을 체계적으로 정리하고, 공유할 수 있도록 도와준다.

씽크와이즈를 활용한 학습 자료 정리 및 공유

씽크와이즈를 활용하여 학습 자료를 정리하고 공유할 때는 다음과 같은 방법을 사용할 수 있다.

학습 자료 정리의 첫 번째 단계는 학습 자료의 핵심 내용을 정리하는 것이다. 핵심 내용을 정리하면 학습 자료의 전체적인 흐름을 파악하는 데 도움이 된다.

핵심 내용을 정리했다면 학습 자료의 내용을 체계적으로 구성한다. 내용을 체계적으로 구성하면 학습 자료의 이해도를 높일 수 있다.

내용을 체계적으로 구성했다면 학습 자료를 공유한다. 학습 자료를 공유하면 다른 사람들과 학습 정보를 나눌 수 있다.

씽크와이즈를 활용한 학습 자료 정리 및 공유의 장점

씽크와이즈를 활용하여 학습 자료를 정리하고 공유하면 다음과 같은 장점을 얻을 수 있다.

학습 자료의 핵심 내용을 한눈에 파악할 수 있다.

학습 자료의 내용을 체계적으로 정리할 수 있다.

학습 자료를 효율적으로 공유할 수 있다.

씽크와이즈는 체계적인 학습 자료 정리 및 공유에 유익하고 효율적인 도구이다. 씽크와이즈를 활용하여 학습 자료를 효과적으로 정리하고 공유하기 바란다.

추가로, 씽크와이즈를 활용한 학습 자료 정리 및 공유의 팁을 몇 가지 소개한다.

학습 자료의 종류에 따라 적합한 씽크와이즈 형식을 선택한다. 예를 들어, 개념을 이해하기 위한 학습 자료는 중심-하위 개념 형식을, 순서를 파악하기 위한 학습 자료는 순서 형식을, 문제해결을 위한 학습 자료는 문제해결 형식을 활용하는 것이 좋다.

학습 자료의 내용을 정리할 때는 핵심 내용을 강조한다. 핵심 내용을 강조하면 학습 자료의 이해도를 높일 수 있다. 학습 자료를 공유할 때는 다른 사람들의 이해를 고려한다. 다른 사람들의 이해를 고려하면 학습 자료를 효과적으로 공유할 수 있다.

이러한 팁을 활용하면 씽크와이즈를 활용한 학습 자료 정리 및 공유의 효과를 더욱 높일 수 있다.

철저한 비즈니스 전략 수립은
성공적인 비즈니스 운영에
효과적이다

씽크와이즈, 비즈니스 전략 수립의 든든한 파트너

씽크와이즈는 마인드맵을 작성하는 데 유용한 도구이지만, 그 외에 다양한 용도로 활용할 수 있다. 그중에서도 철저한 비즈니스 전략 수립에 효과적이라는 점이 씽크와이즈의 가장 큰 장점 중 하나이다. 씽크와이즈를 활용하면 비즈니스 전략의 핵심 내용을 한눈에 파악할 수 있도록 시각적으로 표현할 수 있다. 또한 씽크와이즈를 통해 비즈니스 전략을 체계적으로 수립하고, 실행할 수 있도록 도와준다.

씽크와이즈를 활용한 비즈니스 전략 수립

씽크와이즈를 활용하여 비즈니스 전략을 수립할 때는 다음과 같은 방법을 사용할 수 있다.

비즈니스 전략 수립의 첫 번째 단계는 비즈니스 환경을 분석하는 것이다. 비즈니스 환경을 분석하면 비즈니스 기회와 위협을 파악할 수 있다.

비즈니스 환경을 분석했다면 비즈니스 목표를 설정한다. 비즈니스 목표를 설정하면 비즈니스의 방향을 명확하게 잡을 수 있다.

비즈니스 목표를 설정했다면 비즈니스 전략을 수립한다. 비즈니스 전략을 수립하면 비즈니스 목표를 달성하기 위한 방법을 마련할 수 있다.

씽크와이즈를 활용한 비즈니스 전략 수립의 장점

씽크와이즈를 활용하여 비즈니스 전략을 수립하면 다음과 같은 장점을 얻을 수 있다.

비즈니스 전략의 핵심 내용을 한눈에 파악할 수 있다.

비즈니스 전략을 체계적으로 수립할 수 있다.

비즈니스 전략을 효과적으로 실행할 수 있다.

씽크와이즈는 철저한 비즈니스 전략 수립에 효과적인 도구이다. 씽크와이즈를 활용하여 성공적인 비즈니스 운영을 위한 비즈니스 전략을 수립하기 바란다.

추가로, 씽크와이즈를 활용한 비즈니스 전략 수립의 팁을 몇 가지 소개한다.

비즈니스 환경을 분석할 때는 SWOT 분석을 활용한다. SWOT 분석은 강점(Strengths), 약점(Weaknesses), 기회(Opportunities), 위협(Threats)을 분석하는 방법으로, 비즈니스 환경을 효과적으로 파악하는 데 도움이 된다.

비즈니스 목표를 설정할 때는 SMART하게 설정한다. 비즈니스 목표를 설정할 때는 이러한 요소들을 고려하는 것이 좋다.

비즈니스 전략을 수립할 때는 핵심 내용을 강조한다. 핵심 내용을 강조하면 비즈니스 전략을 효과적으로 전달할 수 있다.

이러한 팁을 활용하면 씽크와이즈를 활용한 비즈니스 전략 수립의 효과를 더욱 높일 수 있다.

창의적이고 전략적인
마케팅 캠페인 기획은
제품 또는 서비스의 홍보에 효과적이다

씽크와이즈, 마케팅 캠페인 기획의 든든한 파트너

씽크와이즈는 마인드맵을 작성하는 데 유용한 도구이지만, 그 외에 다양한 용도로 활용할 수 있다. 그중에서도 창의적이고 전략적인 마케팅 캠페인 기획에 효과적이라는 점이 씽크와이즈의 가장 큰 장점 중 하나이다. 씽크와이즈를 활용하면 마케팅 캠페인의 핵심 내용을 한눈에 파악할 수 있도록 시각적으로 표현할 수 있다. 또한 씽크와이즈를 통해 마케팅 캠페인을 체계적으로 기획하고, 실행할 수 있도록 도와준다.

씽크와이즈를 활용한 마케팅 캠페인 기획

씽크와이즈를 활용하여 마케팅 캠페인을 기획할 때는 다음과 같은 방법을 사용할 수 있다.

마케팅 캠페인의 첫 번째 단계는 타깃 고객을 파악하는 것이다. 타깃 고객을 파악하면 마케팅 캠페인의 방향을 명확하게 잡을 수 있다.

타깃 고객을 파악했다면 마케팅 목표를 설정한다. 마케팅 목표를 설정하면 마케팅 캠페인의 성과를 측정할 수 있다.

마케팅 목표를 설정했다면 마케팅 전략을 수립한다. 마케팅 전략을 수립하면 마케팅 캠페인을 효과적으로 실행할 수 있다.

씽크와이즈를 활용한 마케팅 캠페인 기획의 장점

씽크와이즈를 활용하여 마케팅 캠페인을 기획하면 다음과 같은 장점을 얻을 수 있다.

마케팅 캠페인의 핵심 내용을 한눈에 파악할 수 있다.

마케팅 캠페인을 체계적으로 기획할 수 있다.

마케팅 캠페인의 성과를 측정할 수 있다.

씽크와이즈는 창의적이고 전략적인 마케팅 캠페인 기획에 효과적인 도구이다. 씽크와이즈를 활용하여 제품 또는 서비스의 홍보를 위한 마케팅 캠페인을 기획하기 바란다.

추가로, 씽크와이즈를 활용한 마케팅 캠페인 기획의 팁을 몇 가지 소개한다.

타깃 고객을 파악할 때는 페르소나를 활용한다. 페르소나는 가상의 타깃 고객으로, 타깃 고객을 효과적으로 파악하는 데 도움이 된다.

마케팅 목표를 설정할 때는 SMART하게 설정한다. 마케팅 목표를 설정할 때는 이러한 요소들을 고려하는 것이 좋다.

마케팅 전략을 수립할 때는 창의성을 발휘한다. 마케팅 캠페인은 타깃 고객의 관심을 끌고, 기억에 남도록 해야 한다. 따라서 창의적인 아이디어를 활용하는 것이 중요하다.

이러한 팁을 활용하면 씽크와이즈를 활용한 마케팅 캠페인 기획의 효과를 더욱 높일 수 있다.

정확하고 명확한 문서 작성과 편집은
효과적인 커뮤니케이션을 가능하게 한다

씽크와이즈, 문서 작성과 편집의 든든한 파트너

씽크와이즈는 마인드맵을 작성하는 데 유용한 도구이지만, 그 외에 다양한 용도로 활용할 수 있다. 그중에서도 정확하고 명확한 문서 작성과 편집에 효과적이라는 점이 씽크와이즈의 가장 큰 장점 중 하나이다. 씽크와이즈를 활용하면 문서의 핵심 내용을 한눈에 파악할 수 있도록 시각적으로 표현할 수 있다. 또한 씽크와이즈를 통해 문서의 내용을 체계적으로 작성하고, 편집할 수 있도록 도와준다.

씽크와이즈를 활용한 문서 작성과 편집

씽크와이즈를 활용하여 문서를 작성하고 편집할 때는 다음과 같은 방법을 사용할 수 있다.

문서 작성과 편집의 첫 번째 단계는 문서의 목적과 대상을 파악하는 것이다. 목적과 대상을 파악하면 문서의 내용과 형식을 결정할 수 있다.

목적과 대상을 파악했다면 문서의 핵심 내용을 정리한다. 핵심 내용을 정리하면 문서의 구조와 흐름을 잡을 수 있다.

핵심 내용을 정리했다면 문서의 내용을 체계적으로 작성한다. 체계적으로 작성하면 문서의 내용을 이해하기 쉽게 만들 수 있다.

문서를 편집한다. 문서의 내용을 작성했다면 문서를 편집한다. 편집을 통해 문서의 오류를 수정하고, 내용을 명확하게 표현할 수 있다.

씽크와이즈를 활용한 문서 작성과 편집의 장점

씽크와이즈를 활용하여 문서를 작성하고 편집하면 다음과 같은 장점을 얻을 수 있다.

문서의 핵심 내용을 한눈에 파악할 수 있다.
문서의 내용을 체계적으로 작성하고 편집할 수 있다.
문서의 오류를 줄이고, 내용을 명확하게 표현할 수 있다.

씽크와이즈는 정확하고 명확한 문서 작성과 편집에 효과적인 도구이다. 씽크와이즈를 활용하여 효과적인 커뮤니케이션을 위한 문서를 작성하고 편집하기 바란다.

추가로, 씽크와이즈를 활용한 문서 작성과 편집의 팁을 몇 가지 소개한다.

문서의 목적과 대상을 파악할 때는 페르소나를 활용한다. 페르소나는 가상의 문서 작성 대상자로, 문서의 목적과 대상을 효과적으로 파악하는 데 도움이 된다.

문서의 핵심 내용을 정리할 때는 중심-하위 개념 형식을 활용한다. 중심-하위 개념 형식은 문서의 핵심 내용을 한눈에 파악할 수 있도록 도와준다.

문서의 내용을 작성할 때는 핵심 내용을 강조한다. 핵심 내용을 강조하면 문서의 내용을 이해하기 쉬워진다.

오류를 줄이고, 내용을 명확하게 표현하기 위해서는 띄어쓰기, 맞춤법, 문법을 꼼꼼히 확인하는 것이 중요하다.

이러한 팁을 활용하면 씽크와이즈를 활용한 문서 작성과 편집의 효과를 더욱 높일 수 있다.

철저한 시장 조사와 경쟁 분석은 비즈니스의 기회와 위협을 파악하는 데 효과적이다

씽크와이즈, 시장 조사와 경쟁 분석의 든든한 파트너

씽크와이즈는 마인드맵을 작성하는 데 유용한 도구이지만, 그 외에 다양한 용도로 활용할 수 있다. 그중에서도 철저한 시장 조사와 경쟁 분석에 효과적이라는 점이 씽크와이즈의 가장 큰 장점 중 하나이다. 씽크와이즈를 활용하면 시장 조사와 경쟁 분석의 핵심 내용을 한눈에 파악할 수 있도록 시각적으로 표현할 수 있다. 또한 씽크와이즈를 통해 시장 조사와 경쟁 분석을 체계적으로 수행하고, 결과를 효과적으로 활용할 수 있도록 도와준다.

씽크와이즈를 활용한 시장 조사와 경쟁 분석

씽크와이즈를 활용하여 시장 조사와 경쟁 분석을 수행할 때는 다음과 같은 방법을 사용할 수 있다.

시장 조사의 첫 번째 단계는 시장 조사의 목적과 대상을 파악하는 것이다. 목적과 대상을 파악하면 시장 조사의 범위와 방법을 결정할 수 있다.

목적과 대상을 파악했다면 시장 조사의 방법을 결정한다. 시장 조사의 방법에는 설문조사, 인터뷰, 관찰, 분석 등이 있다.

시장 조사의 방법을 결정했다면 시장 조사를 수행한다. 시장 조사를 수행할 때는 객관적이고 정확한 정보를 수집하는 것이 중요하다.

시장 조사를 수행했다면 시장 조사 결과를 분석한다. 시장 조사 결과를 분석하면 시장의 기회와 위협을 파악할 수 있다.

씽크와이즈를 활용한 시장 조사와 경쟁 분석의 장점

씽크와이즈를 활용하여 시장 조사와 경쟁 분석을 수행하면 다음과 같은 장점을 얻을 수 있다.

시장 조사와 경쟁 분석의 핵심 내용을 한눈에 파악할 수 있다.

시장 조사와 경쟁 분석을 체계적으로 수행할 수 있다.

시장 조사와 경쟁 분석의 결과를 효과적으로 활용할 수 있다.

씽크와이즈는 철저한 시장 조사와 경쟁 분석에 효과적인 도구이다. 씽크와이즈를 활용하여 비즈니스의 기회와 위협을 파악하고, 성공적인 비즈니스 전략을 수립하기 바란다.

추가로, 씽크와이즈를 활용한 시장 조사와 경쟁 분석의 팁을 몇 가지 소개한다.

시장 조사의 목적과 대상을 파악할 때는 페르소나를 활용한다. 페르소나는 가상의 시장 조사 대상자로, 시장 조사의 목적과 대상을 효과적으로 파악하는 데 도움이 된다.

시장 조사의 방법을 결정할 때는 씽크와이즈를 활용하여 다양한 방법을 시각적으로 비교한다. 다양한 방법을 시각적으로 비교하면 시장 조사의 방법을 효과적으로 결정할 수 있다.

시장 조사를 수행할 때는 씽크와이즈를 활용하여 조사 내용을 체계적으로 정리한다. 조사 내용을 체계적으로 정리하면 시장 조사 결과를 쉽게 분석할 수 있다.

시장 조사 결과를 분석할 때는 씽크와이즈를 활용하여 기회와 위협을 시각적으로 표현한다. 기회와 위협을 시각적으로 표현하면 시장의 기회와 위협을 쉽게 파악할 수 있다.

이러한 팁을 활용하면 씽크와이즈를 활용한 시장 조사와 경쟁 분석의 효과를 더욱 높일 수 있다.

고객을 효과적으로 관리하고
서비스를 개선하는 것은
고객 충성도와 만족도를 높이는 데 도움이 된다

씽크와이즈, 고객 관리와 서비스 개선의 든든한 파트너

씽크와이즈는 마인드맵을 작성하는 데 유용한 도구이지만, 그 외에 다양한 용도로 활용할 수 있다. 그중에서도 고객 관리와 서비스 개선에 효과적이라는 점이 씽크와이즈의 가장 큰 장점 중 하나이다. 씽크와이즈를 활용하면 고객 관리와 서비스 개선의 핵심 내용을 한눈에 파악할 수 있도록 시각적으로 표현할 수 있다. 또한 씽크와이즈를 통해 고객 관리와 서비스 개선을 체계적으로 수행하고, 결과를 효과적으로 활용할 수 있도록 도와준다.

씽크와이즈를 활용한 고객 관리와 서비스 개선

씽크와이즈를 활용하여 고객 관리와 서비스 개선을 수행할 때 는 다음과 같은 방법을 사용할 수 있다.

고객 관리의 첫 번째 단계는 고객 관리의 목표와 대상을 파악 하는 것이다. 목표와 대상을 파악하면 고객 관리의 범위와 방법 을 결정할 수 있다.

고객 관리의 목표와 대상을 파악했다면 고객 데이터를 수집한 다. 고객 데이터에는 고객의 기본 정보, 구매 정보, 서비스 이용 정보 등이 포함된다.

고객 데이터를 수집했다면 고객 데이터를 분석한다. 고객 데이 터를 분석하면 고객의 요구와 불만을 파악할 수 있다.

고객 데이터를 분석했다면 고객 관리 계획을 수립한다. 고객 관리 계획에는 고객의 요구와 불만을 해결하기 위한 방법이 포함 된다.

계획을 수립했다면 고객 관리 계획을 실행한다. 고객 관리 계 획을 실행하면서 고객의 반응을 지속적으로 모니터링한다.

고객 관리 계획을 실행했다면 고객 관리 계획을 평가한다. 고 객 관리 계획을 평가하여 개선점을 도출한다.

씽크와이즈를 활용한 고객 관리와 서비스 개선의 장점

씽크와이즈를 활용하여 고객 관리와 서비스 개선을 수행하면 다음과 같은 장점을 얻을 수 있다.

고객 관리와 서비스 개선의 핵심 내용을 한눈에 파악할 수 있다.
고객 관리와 서비스 개선을 체계적으로 수행할 수 있다.
고객 관리와 서비스 개선의 결과를 효과적으로 활용할 수 있다.

씽크와이즈는 고객 관리와 서비스 개선에 효과적인 도구이다. 씽크와이즈를 활용하여 고객의 요구와 불만을 파악하고, 이를 바탕으로 고객 충성도와 만족도를 높이기 바란다.

추가로, 씽크와이즈를 활용한 고객 관리와 서비스 개선의 팁을 몇 가지 소개한다.

고객 관리의 목표와 대상을 파악할 때는 페르소나를 활용한다. 페르소나는 가상의 고객으로, 고객 관리의 목표와 대상을 효과적으로 파악하는 데 도움이 된다.

고객 데이터를 수집할 때는 다양한 방법을 활용한다. 고객 데이터를 다양한 방법으로 수집하면 고객의 요구와 불만을 보다 정확하게 파악할 수 있다.

고객 데이터를 분석할 때는 씽크와이즈를 활용하여 시각적으로 표현한다. 시각적으로 표현하면 고객의 요구와 불만을 보다 쉽게 파악할 수 있다.

고객 관리 계획을 수립할 때는 다양한 이해 관계자와 협력한다. 다양한 이해 관계자와 협력하면 고객 관리 계획을 보다 효과적으로 수립할 수 있다.

고객 관리 계획을 실행하고 평가할 때는 지속적으로 피드백을 받는다. 지속적으로 피드백을 받으면 고객 관리 계획을 보다 효과적으로 개선할 수 있다.

이러한 팁을 활용하면 씽크와이즈를 활용한 고객 관리와 서비스 개선의 효과를 더욱 높일 수 있다.

아이디어를 공유하고
피드백을 받는 것은
혁신과 성장을 위한 중요한 요소이다

씽크와이즈, 아이디어 공유와 피드백의 든든한 파트너

씽크와이즈는 마인드맵을 작성하는 데 유용한 도구이지만, 그 외에 다양한 용도로 활용할 수 있다. 그중에서도 아이디어 공유와 피드백에 효과적이라는 점이 씽크와이즈의 가장 큰 장점 중 하나이다. 씽크와이즈를 활용하면 아이디어를 한눈에 파악할 수 있도록 시각적으로 표현할 수 있다. 또한 씽크와이즈를 통해 아이디어를 공유하고 피드백을 보다 효과적으로 받을 수 있도록 도와준다.

씽크와이즈를 활용한 아이디어 공유와 피드백

씽크와이즈를 활용하여 아이디어 공유와 피드백을 수행할 때는 다음과 같은 방법을 사용할 수 있다.

아이디어를 도출하기 위해서는 다양한 관점에서 생각하고, 기존의 사고방식에서 벗어나야 한다.

시각화하면 아이디어를 한눈에 파악하고, 공유할 수 있다.

아이디어를 공유한 후에는 피드백을 요청하여 아이디어를 개선할 수 있다.

씽크와이즈를 활용한 아이디어 공유와 피드백의 장점

씽크와이즈를 활용하여 아이디어 공유와 피드백을 수행하면 다음과 같은 장점을 얻을 수 있다.

아이디어를 효과적으로 공유할 수 있다.

다양한 관점에서의 피드백을 받을 수 있다.

아이디어를 개선할 수 있다.

씽크와이즈는 아이디어 공유와 피드백에 효과적인 도구이다.

씽크와이즈를 활용하여 아이디어를 공유하고 피드백을 받고,

혁신과 성장을 도모하기 바란다.

추가로, 씽크와이즈를 활용한 아이디어 공유와 피드백의 팁을 몇 가지 소개한다.

아이디어를 도출할 때는 씽크와이즈의 자유 형식이나 브레인스토밍 형식을 활용한다. 자유 형식은 다양한 관점에서 아이디어를 도출할 수 있도록 도와준다. 브레인스토밍 형식은 다양한 사람의 아이디어를 수렴할 수 있도록 도와준다.

아이디어를 시각화할 때는 씽크와이즈의 중심-하위 개념 형식이나 다이어그램 형식을 활용한다. 중심-하위 개념 형식은 아이디어의 관계를 고려하여 시각화할 수 있도록 도와준다. 다이어그램 형식은 아이디어의 구조를 시각화할 수 있도록 도와준다.

피드백을 요청할 때는 씽크와이즈의 캘린더 형식이나 체크리스트 형식을 활용한다. 캘린더 형식은 피드백 요청 일정을 관리할 수 있도록 도와준다. 체크리스트 형식은 피드백 수신 여부를 관리할 수 있도록 도와준다.

이러한 팁을 활용하면 씽크와이즈를 활용한 아이디어 공유와 피드백의 효과를 더욱 높일 수 있다.

체계적으로 학생 과제와
공부 계획을 관리하는 것은
학업 성취도를 향상시키는 데 효과적이다

씽크와이즈, 학생 과제와 공부 계획 관리의 든든한 파트너

씽크와이즈는 마인드맵을 작성하는 데 유용한 도구이지만, 그 외에 다양한 용도로 활용할 수 있다. 그중에서도 체계적인 학습 관리에 효과적이라는 점이 씽크와이즈의 가장 큰 장점 중 하나이다. 씽크와이즈를 활용하면 학생 과제와 공부 계획을 한눈에 파악할 수 있도록 시각적으로 표현할 수 있다. 또한 씽크와이즈를 통해 학생 과제와 공부 계획을 체계적으로 관리하고, 학습 효율을 높일 수 있도록 도와준다.

씽크와이즈를 활용한 학생 과제와 공부 계획 관리

씽크와이즈를 활용하여 학생 과제와 공부 계획을 관리할 때는 다음과 같은 방법을 사용할 수 있다.

학생 과제와 공부 계획을 정리할 때는 씽크와이즈의 중심-하위 개념 형식을 활용하는 것이 좋다. 중심 개념에는 과목 또는 주제를, 하위 개념에는 과제 또는 공부 계획의 내용을 입력한다.

학생 과제와 공부 계획의 우선순위를 정하면 효율적으로 학습할 수 있다. 우선순위가 높은 과제와 공부 계획부터 진행한다.

학생 과제와 공부 계획의 일정을 계획하면 학습 시간을 효율적으로 활용할 수 있다. 과제와 공부 계획의 완료 기한을 설정하고, 그에 맞는 일정을 계획한다.

학생 과제와 공부 계획의 진행 상황을 관리하면 학습 과정을 효과적으로 통제할 수 있다. 과제와 공부 계획의 완료 여부를 확인하고, 미완료된 과제와 공부 계획에 대한 대책을 마련한다.

씽크와이즈를 활용한 학생 과제와 공부 계획 관리의 장점

씽크와이즈를 활용하여 학생 과제와 공부 계획을 관리하면 다음과 같은 장점을 얻을 수 있다.

학생 과제와 공부 계획을 한눈에 파악할 수 있다.

학생 과제와 공부 계획을 체계적으로 관리할 수 있다.

학습 효율을 높일 수 있다.

씽크와이즈는 체계적인 학습 관리에 효과적인 도구이다. 씽크와이즈를 활용하여 학생 과제와 공부 계획을 효과적으로 관리하고, 학업 성취도를 향상시키시기 바란다.

추가로, 씽크와이즈를 활용한 학생 과제와 공부 계획 관리의 팁을 몇 가지 소개한다.

과제와 공부 계획을 정리할 때는 씽크와이즈의 다양한 형식을 활용한다. 과제의 종류나 난이도에 따라 적합한 형식을 활용하면 효율적으로 정리할 수 있다.

과제와 공부 계획의 우선순위를 정할 때는 중요도와 시급도를 고려한다. 중요한 과제와 공부 계획은 우선적으로 처리한다.

과제와 공부 계획의 일정을 계획할 때는 개인의 학습 스타일과 습관을 고려한다. 자신의 학습 스타일에 맞는 일정을 계획하면 학습 효율을 높일 수 있다.

과제와 공부 계획의 진행 상황을 관리할 때는 체크리스트나 달력 등을 활용한다. 체크리스트나 달력을 활용하면 진행 상황을 쉽게 파악할 수 있다.

이러한 팁을 활용하면 씽크와이즈를 활용한 학생 과제와 공부 계획 관리의 효과를 더욱 높일 수 있다.

체계적으로 여행 일정과 예약을 관리하는 것은 원활하고 편리한 여행을 위한 필수적인 요소이다

씽크와이즈, 원활하고 편리한 여행의 든든한 파트너

씽크와이즈는 마인드맵을 작성하는 데 유용한 도구이지만, 그 외에 다양한 용도로 활용할 수 있다. 그중에서도 체계적인 여행 일정과 예약 관리에 효과적이라는 점이 씽크와이즈의 가장 큰 장점 중 하나이다. 씽크와이즈를 활용하면 여행 일정과 예약을 한눈에 파악할 수 있도록 시각적으로 표현할 수 있다. 또한 씽크와이즈를 통해 여행 일정과 예약을 체계적으로 관리하고, 여행을 더욱 편리하게 즐길 수 있도록 도와준다.

씽크와이즈를 활용한 여행 일정과 예약 관리

씽크와이즈를 활용하여 여행 일정과 예약을 관리할 때는 다음과 같은 방법을 사용할 수 있다.

여행 일정과 예약을 정리할 때는 씽크와이즈의 중심-하위 개념 형식을 활용하는 것이 좋다. 중심 개념에는 날짜 또는 일정을, 하위 개념에는 예약 내용을 입력한다.

여행 일정과 예약의 우선순위를 정하면 효율적으로 여행을 계획할 수 있다. 우선순위가 높은 일정과 예약은 먼저 처리한다.

여행 일정과 예약의 일정을 계획하면 여행을 더욱 효율적으로 즐길 수 있다. 일정을 계획할 때는 교통, 숙박, 식사, 관광 등 다양한 요소를 고려한다.

여행 일정과 예약의 진행 상황을 관리하면 여행을 더욱 안전하고 편리하게 즐길 수 있다. 진행 상황을 관리할 때는 체크리스트나 달력 등을 활용한다.

씽크와이즈를 활용한 여행 일정과 예약 관리의 장점

씽크와이즈를 활용하여 여행 일정과 예약을 관리하면 다음과 같은 장점을 얻을 수 있다.

여행 일정과 예약을 한눈에 파악할 수 있다.

여행 일정과 예약을 체계적으로 관리할 수 있다.

여행을 더욱 편리하게 즐길 수 있다.

씽크와이즈는 체계적인 여행 일정과 예약 관리에 효과적인 도구이다. 씽크와이즈를 활용하여 여행 일정과 예약을 효과적으로 관리하고, 원활하고 편리한 여행을 즐기시기 바란다.

추가로, 씽크와이즈를 활용한 여행 일정과 예약 관리의 팁을 몇 가지 소개한다.

여행 일정과 예약을 정리할 때는 씽크와이즈의 다양한 형식을 활용한다. 여행의 종류나 목적에 따라 적합한 형식을 활용하면 효율적으로 정리할 수 있다.

여행 일정과 예약의 우선순위를 정할 때는 개인의 취향과 관심사를 고려한다. 자신의 취향과 관심사에 맞는 일정과 예약을 우선적으로 처리한다.

여행 일정과 예약의 일정을 계획할 때는 현지 날씨와 교통 상황을 고려한다. 현지 날씨와 교통 상황을 고려하면 보다 안전하고 편리한 여행을 계획할 수 있다.

여행 일정과 예약의 진행 상황을 관리할 때는 여행 중에도 수

시로 확인한다. 여행 중에도 수시로 확인하면 예상치 못한 상황에 대비할 수 있다.

이러한 팁을 활용하면 씽크와이즈를 활용한 여행 일정과 예약 관리의 효과를 더욱 높일 수 있다.

창의적인 아이디어 발굴은
신규 프로젝트의 성공에 도움이 되는
효과적인 방법이다

씽크와이즈, 창의적인 아이디어 발굴의 든든한 파트너

씽크와이즈는 마인드맵을 작성하는 데 유용한 도구이지만, 그 외에 다양한 용도로 활용할 수 있다. 그중에서도 창의적인 아이디어 발굴에 효과적이라는 점이 씽크와이즈의 가장 큰 장점 중 하나이다. 씽크와이즈를 활용하면 창의적인 아이디어를 한눈에 파악할 수 있도록 시각적으로 표현할 수 있다. 또한 씽크와이즈를 통해 창의적인 아이디어를 체계적으로 관리하고, 신규 프로젝트의 성공에 활용할 수 있도록 도와준다.

씽크와이즈를 활용한 창의적인 아이디어 발굴

씽크와이즈를 활용하여 창의적인 아이디어를 발굴할 때는 다음과 같은 방법을 사용할 수 있다.

창의적인 아이디어를 발굴하기 위해서는 먼저 문제를 정의해야 한다. 문제는 구체적이고 명확해야 한다.

문제에 대한 아이디어를 자유롭게 떠올린다. 기존의 사고방식에 얽매이지 않고, 다양한 가능성을 고려한다.

떠올린 아이디어를 평가한다. 현실적인 가능성과 실현 가능성을 고려한다.

선택한 아이디어를 발전시킨다. 세부적인 내용을 추가하고, 실행 계획을 수립한다.

씽크와이즈를 활용한 창의적인 아이디어 발굴의 장점

씽크와이즈를 활용하여 창의적인 아이디어를 발굴하면 다음과 같은 장점을 얻을 수 있다.

창의적인 아이디어를 한눈에 파악할 수 있다.

창의적인 아이디어를 체계적으로 관리할 수 있다.

신규 프로젝트의 성공에 도움이 된다.

씽크와이즈는 창의적인 아이디어 발굴에 효과적인 도구이다. 씽크와이즈를 활용하여 창의적인 아이디어를 발굴하고, 신규 프로젝트의 성공을 이끌어 내기 바란다.

추가로, 씽크와이즈를 활용한 창의적인 아이디어 발굴의 팁을 몇 가지 소개한다.

문제를 정의할 때는 씽크와이즈의 중심-하위 개념 형식을 활용한다. 중심 개념에는 문제를, 하위 개념에는 문제의 세부 사항을 입력한다.

아이디어를 떠올릴 때는 씽크와이즈의 자유 형식이나 브레인스토밍 형식을 활용한다. 자유 형식은 기존의 사고방식에 얽매이지 않고, 다양한 가능성을 고려할 수 있도록 도와준다. 브레인스토밍 형식은 다양한 사람의 아이디어를 수집할 수 있도록 도와준다.

아이디어를 평가할 때는 씽크와이즈의 워터폴 형식이나 나무 형식을 활용한다. 워터폴 형식은 아이디어의 순서를 고려하여 평가할 수 있도록 도와준다. 나무 형식은 아이디어의 상호 관계를 고려하여 평가할 수 있도록 도와준다.

선택한 아이디어를 발전시킬 때는 씽크와이즈의 로드맵 형식이나 캘린더 형식을 활용한다. 로드맵 형식은 아이디어의 실행 계획을 수립할 수 있도록 도와준다. 캘린더 형식은 아이디어의 실행 일정을 수립할 수 있도록 도와준다.

이러한 팁을 활용하면 씽크와이즈를 활용한 창의적인 아이디어 발굴의 효과를 더욱 높일 수 있다.

공정하고 구체적인
팀원 성과 평가와 피드백은
팀의 성과 향상에 도움이 된다

씽크와이즈, 공정하고 구체적인 팀원 성과 평가와 피드백의 든든한 파트너

씽크와이즈는 마인드맵을 작성하는 데 유용한 도구이지만, 그 외에 다양한 용도로 활용할 수 있다. 그중에서도 공정하고 구체적인 팀원 성과 평가와 피드백에 효과적이라는 점이 씽크와이즈의 가장 큰 장점 중 하나이다. 씽크와이즈를 활용하면 팀원 성과 평가와 피드백을 한눈에 파악할 수 있도록 시각적으로 표현할 수 있다. 또한 씽크와이즈를 통해 팀원 성과 평가와 피드백을 체계적으로 관리하고, 팀의 성과 향상에 활용할 수 있도록 도와준다.

씽크와이즈를 활용한 팀원 성과 평가와 피드백

씽크와이즈를 활용하여 팀원 성과 평가와 피드백을 수행할 때는 다음과 같은 방법을 사용할 수 있다.

팀원 성과 평가와 피드백을 수행하기 위해서는 먼저 평가 기준을 설정해야 한다. 평가 기준은 팀의 목표와 전략을 고려하여 설정한다.

평가 기준에 따라 팀원 성과를 평가한다. 평가는 객관적이고 공정하게 수행해야 한다.

평가 결과를 바탕으로 팀원에게 피드백을 한다. 피드백은 구체적이고 실행 가능한 내용으로 해야 한다.

씽크와이즈를 활용한 팀원 성과 평가와 피드백의 장점

씽크와이즈를 활용하여 팀원 성과 평가와 피드백을 수행하면 다음과 같은 장점을 얻을 수 있다.

팀원 성과 평가와 피드백을 한눈에 파악할 수 있다.
팀원 성과 평가와 피드백을 체계적으로 관리할 수 있다.
팀의 성과 향상에 도움이 된다.

씽크와이즈는 공정하고 구체적인 팀원 성과 평가와 피드백에 효과적인 도구이다. 씽크와이즈를 활용하여 팀원 성과 평가와 피드백을 수행하고, 팀의 성과 향상을 이끌어 내기 바란다.

추가로, 씽크와이즈를 활용한 팀원 성과 평가와 피드백의 팁을 몇 가지 소개한다.

평가 기준을 설정할 때는 씽크와이즈의 중심-하위 개념 형식을 활용한다. 중심 개념에는 평가 기준의 대분류를, 하위 개념에는 평가 기준의 세부 항목을 입력한다.

팀원 성과를 평가할 때는 씽크와이즈의 자유 형식이나 브레인스토밍 형식을 활용한다. 자유 형식은 다양한 관점에서 팀원 성과를 평가할 수 있도록 도와준다. 브레인스토밍 형식은 다양한 사람의 의견을 수렴하여 팀원 성과를 평가할 수 있도록 도와준다.

피드백을 제공할 때는 씽크와이즈의 나무 형식이나 캘린더 형식을 활용한다. 나무 형식은 피드백의 순서와 관계를 고려하여 제공할 수 있도록 도와준다. 캘린더 형식은 피드백의 실행 일정을 고려하여 제공할 수 있도록 도와준다.

이러한 팁을 활용하면 씽크와이즈를 활용한 팀원 성과 평가와 피드백의 효과를 더욱 높일 수 있다.

친절하고 신속하게 고객에게 응대하고 문의 사항을 관리하는 것은 고객 만족도와 신뢰도를 높이는 데 효과적이다

씽크와이즈, 친절하고 신속한 고객 응대와 문의 사항 관리의 든든한 파트너

씽크와이즈는 마인드맵을 작성하는 데 유용한 도구이지만, 그외에 다양한 용도로 활용할 수 있다. 그중에서도 친절하고 신속한 고객 응대와 문의 사항 관리에 효과적이라는 점이 씽크와이즈의 가장 큰 장점 중 하나이다. 씽크와이즈를 활용하면 고객 응대와 문의 사항을 한눈에 파악할 수 있도록 시각적으로 표현할 수 있다. 또한 씽크와이즈를 통해 고객 응대와 문의 사항을 체계적으로 관리하고, 고객 만족도와 신뢰도를 높이는 데 활용할 수 있도록 도와준다.

씽크와이즈를 활용한 친절하고 신속한 고객 응대와 문의 사항 관리

씽크와이즈를 활용하여 친절하고 신속한 고객 응대와 문의 사항 관리를 수행할 때는 다음과 같은 방법을 사용할 수 있다.

친절하고 신속한 고객 응대를 수행하기 위해서는 먼저 고객 응대 프로세스를 정의해야 한다. 고객 응대 프로세스는 고객의 문의 사항을 접수부터 해결까지의 일련의 과정을 의미한다.

고객 응대 시 고려해야 할 요소를 정리한다. 고객 응대 시에는 고객의 입장을 배려하고, 친절하고 신속하게 응대해야 한다. 또한 고객의 문의 사항을 정확하게 파악하고, 적절한 해결책을 제시해야 한다.

고객 응대 프로세스를 시각화한다. 고객 응대 프로세스를 시각화하면 고객 응대의 전반적인 흐름을 한눈에 파악할 수 있다. 또한 고객 응대 시 발생할 수 있는 문제점을 미리 파악하고, 이를 예방할 수 있다.

씽크와이즈를 활용한 친절하고 신속한 고객 응대와 문의 사항 관리의 장점

씽크와이즈를 활용하여 친절하고 신속한 고객 응대와 문의 사항 관리를 수행하면 다음과 같은 장점을 얻을 수 있다.

고객 응대 프로세스를 한눈에 파악할 수 있다.

고객 응대 시 발생할 수 있는 문제점을 미리 파악하고, 이를 예방할 수 있다.

고객 만족도와 신뢰도를 높일 수 있다.

씽크와이즈는 친절하고 신속한 고객 응대와 문의 사항 관리에 효과적인 도구이다. 씽크와이즈를 활용하여 고객 응대와 문의 사항을 체계적으로 관리하고, 고객 만족도와 신뢰도를 높이기 바란다.

추가로, 씽크와이즈를 활용한 친절하고 신속한 고객 응대와 문의 사항 관리의 팁을 몇 가지 소개한다.

고객 응대 프로세스를 정의할 때는 씽크와이즈의 중심-하위 개념 형식을 활용한다. 중심 개념에는 고객 응대의 단계를, 하위 개념에는 각 단계의 세부 내용을 입력한다.

고객 응대 시 고려해야 할 요소를 정리할 때는 씽크와이즈의 자유 형식이나 브레인스토밍 형식을 활용한다. 자유 형식은 다양한 관점에서 고객 응대 시 고려해야 할 요소를 정리할 수 있도록 도와준다. 브레인스토밍 형식은 다양한 사람의 의견을 수렴하여 고객 응대 시 고려해야 할 요소를 정리할 수 있도록 도와준다.

고객 응대 프로세스를 시각화할 때는 씽크와이즈의 다양한 형식을 활용한다. 씽크와이즈의 다양한 형식을 활용하면 고객 응대 프로세스를 보다 효과적으로 시각화할 수 있다.

이러한 팁을 활용하면 씽크와이즈를 활용한 친절하고 신속한 고객 응대와 문의 사항 관리의 효과를 더욱 높일 수 있다.

개인 일정과 할 일을 체계적으로 관리하는 것은
생산성을 향상시키는 데 효과적이다

씽크와이즈, 개인 일정과 할 일의 체계적인 관리의 든든한 파트너

씽크와이즈는 마인드맵을 작성하는 데 유용한 도구이지만, 그 외에 다양한 용도로 활용할 수 있다. 그중에서도 개인 일정과 할 일의 체계적인 관리에 효과적이라는 점이 씽크와이즈의 가장 큰 장점 중 하나이다. 씽크와이즈를 활용하면 개인 일정과 할 일을 한눈에 파악할 수 있도록 시각적으로 표현할 수 있다. 또한 씽크와이즈를 통해 개인 일정과 할 일을 체계적으로 관리하고, 생산성을 향상시키는 데 활용할 수 있도록 도와준다.

씽크와이즈를 활용한 개인 일정과 할 일의 체계적인 관리

씽크와이즈를 활용하여 개인 일정과 할 일의 체계적인 관리를 수행할 때는 다음과 같은 방법을 사용할 수 있다.

개인 일정과 할 일을 정리한다. 개인 일정과 할 일을 정리하기 위해서는 우선 현재 상태를 파악해야 한다.

개인 일정과 할 일을 분류한다. 개인 일정과 할 일을 분류하면 일정과 할 일의 관계와 우선순위를 파악할 수 있다.

개인 일정과 할 일을 시각화한다. 개인 일정과 할 일을 시각화 하면 일정과 할 일을 한눈에 파악하고, 관리할 수 있다.

씽크와이즈를 활용한 개인 일정과 할 일의 체계적인 관리의 장점

씽크와이즈를 활용하여 개인 일정과 할 일의 체계적인 관리를 수행하면 다음과 같은 장점을 얻을 수 있다.

개인 일정과 할 일을 한눈에 파악할 수 있다.
개인 일정과 할 일의 관계와 우선순위를 파악할 수 있다.
생산성을 향상시킬 수 있다.

씽크와이즈는 개인 일정과 할 일의 체계적인 관리에 효과적인 도구이다. 씽크와이즈를 활용하여 개인 일정과 할 일을 효과적으로 관리하고, 생산성을 향상시키시기 바란다.

추가로, 씽크와이즈를 활용한 개인 일정과 할 일의 체계적인 관리의 팁을 몇 가지 소개한다.

개인 일정과 할 일을 정리할 때는 씽크와이즈의 중심-하위 개념 형식을 활용한다. 중심 개념에는 일정과 할 일의 주제를, 하위 개념에는 일정과 할 일의 세부 내용을 입력한다.

개인 일정과 할 일을 분류할 때는 씽크와이즈의 나무 형식이나 캘린더 형식을 활용한다. 나무 형식은 일정과 할 일의 상호 관계를 고려하여 분류할 수 있도록 도와준다. 캘린더 형식은 일정과 할 일의 실행 일정을 고려하여 분류할 수 있도록 도와준다.

개인 일정과 할 일을 시각화할 때는 씽크와이즈의 다양한 형식을 활용한다. 씽크와이즈의 다양한 형식을 활용하면 개인 일정과 할 일을 보다 효과적으로 시각화할 수 있다.

이러한 팁을 활용하면 씽크와이즈를 활용한 개인 일정과 할 일의 체계적인 관리의 효과를 더욱 높일 수 있다.

철저한 프로젝트 예산 및 비용 추적은 프로젝트의 재정 효율성을 관리하는 데 도움이 된다

씽크와이즈, 철저한 프로젝트 예산 및 비용 추적의 든든한 파트너

씽크와이즈는 마인드맵을 작성하는 데 유용한 도구이지만, 그 외에 다양한 용도로 활용할 수 있다. 그중에서도 철저한 프로젝트 예산 및 비용 추적에 효과적이라는 점이 씽크와이즈의 가장 큰 장점 중 하나이다. 씽크와이즈를 활용하면 프로젝트 예산 및 비용 추적을 한눈에 파악할 수 있도록 시각적으로 표현할 수 있다. 또한 씽크와이즈를 통해 프로젝트 예산 및 비용 추적을 체계적으로 관리하고, 프로젝트의 재정 효율성을 높이는 데 활용할 수 있도록 도와준다.

씽크와이즈를 활용한 철저한 프로젝트 예산 및 비용 추적

씽크와이즈를 활용하여 철저한 프로젝트 예산 및 비용 추적을 수행할 때는 다음과 같은 방법을 사용할 수 있다.

철저한 프로젝트 예산 및 비용 추적을 수행하기 위해서는 먼저 프로젝트 예산을 수립해야 한다. 프로젝트 예산은 프로젝트의 목표를 달성하기 위해 필요한 비용을 추정하여 수립한다.

프로젝트가 진행되는 동안 발생하는 비용을 추적한다. 프로젝트 비용에는 인건비, 재료비, 운영비 등이 포함된다.

프로젝트 예산과 비용을 비교하여 예산 초과 또는 부족분을 파악한다. 예산 초과 또는 부족분을 파악하면 이를 조정하여 프로젝트의 재정 효율성을 높일 수 있다.

씽크와이즈를 활용한 철저한 프로젝트 예산 및 비용 추적의 장점

씽크와이즈를 활용하여 철저한 프로젝트 예산 및 비용 추적을 수행하면 다음과 같은 장점을 얻을 수 있다.

프로젝트 예산 및 비용을 한눈에 파악할 수 있다.

프로젝트 예산 초과 또는 부족분을 파악하여 이를 조정할 수 있다.

프로젝트의 재정 효율성을 높일 수 있다.

씽크와이즈는 철저한 프로젝트 예산 및 비용 추적에 효과적인 도구이다. 씽크와이즈를 활용하여 프로젝트 예산 및 비용 추적을 체계적으로 관리하고, 프로젝트의 재정 효율성을 높이기 바란다.

추가로, 씽크와이즈를 활용한 철저한 프로젝트 예산 및 비용 추적의 팁을 몇 가지 소개한다.

프로젝트 예산을 수립할 때는 씽크와이즈의 중심-하위 개념 형식을 활용한다. 중심 개념에는 프로젝트의 예산 항목을, 하위 개념에는 각 항목의 예산을 입력한다.

프로젝트 비용을 추적할 때는 씽크와이즈의 나무 형식이나 캘린더 형식을 활용한다. 나무 형식은 프로젝트 비용의 상호 관계를 고려하여 추적할 수 있도록 도와준다. 캘린더 형식은 프로젝트 비용의 실행 일정을 고려하여 추적할 수 있도록 도와준다.

프로젝트 예산과 비용을 비교할 때는 씽크와이즈의 다양한 형식을 활용한다. 씽크와이즈의 다양한 형식을 활용하면 프로젝트 예산과 비용을 보다 효과적으로 비교할 수 있다.

이러한 팁을 활용하면 씽크와이즈를 활용한 철저한 프로젝트 예산 및 비용 추적의 효과를 더욱 높일 수 있다.

팀 내 업무 흐름을 체계적으로 관리하는 것은
협업과 생산성을 향상시키는 데 효과적이다

씽크와이즈, 팀 내 업무 흐름 관리의 든든한 파트너

씽크와이즈는 마인드맵을 작성하는 데 유용한 도구이지만, 그 외에 다양한 용도로 활용할 수 있다. 그중에서도 팀 내 업무 흐름 관리에 효과적이라는 점이 씽크와이즈의 가장 큰 장점 중 하나이다. 씽크와이즈를 활용하면 팀 내 업무 흐름을 한눈에 파악할 수 있도록 시각적으로 표현할 수 있다. 또한 씽크와이즈를 통해 팀 내 업무 흐름을 체계적으로 관리하고, 협업과 생산성을 높이는 데 활용할 수 있도록 도와준다.

씽크와이즈를 활용한 팀 내 업무 흐름 관리

씽크와이즈를 활용하여 팀 내 업무 흐름 관리를 수행할 때는 다음과 같은 방법을 사용할 수 있다.

팀 내 업무 흐름을 정의한다. 팀 내 업무 흐름을 정의하기 위해서는 먼저 팀의 목표와 전략을 고려해야 한다. 팀의 목표와 전략을 고려하면 팀 내 업무 흐름의 방향을 설정할 수 있다.

팀 내 업무 흐름을 시각화한다. 팀 내 업무 흐름을 시각화하면 팀 내 업무 흐름의 전반적인 흐름을 한눈에 파악할 수 있다. 또한 팀 내 업무 흐름의 문제점을 파악하고, 이를 개선할 수 있다.

팀 내 업무 흐름을 관리한다. 팀 내 업무 흐름을 관리하기 위해서는 팀 내 업무 흐름에 대한 정보를 수집하고, 이를 분석해야 한다. 팀 내 업무 흐름에 대한 정보를 수집하고, 이를 분석하면 팀 내 업무 흐름을 효율적으로 관리할 수 있다.

씽크와이즈를 활용한 팀 내 업무 흐름 관리의 장점

씽크와이즈를 활용하여 팀 내 업무 흐름 관리를 수행하면 다음과 같은 장점을 얻을 수 있다.

팀 내 업무 흐름을 한눈에 파악할 수 있다.
팀 내 업무 흐름의 문제점을 파악하고, 이를 개선할 수 있다.

팀 내 업무 흐름을 효율적으로 관리할 수 있다.

씽크와이즈는 팀 내 업무 흐름 관리에 효과적인 도구이다. 씽크와이즈를 활용하여 팀 내 업무 흐름을 체계적으로 관리하고, 협업과 생산성을 높이기 바란다.

추가로, 씽크와이즈를 활용한 팀 내 업무 흐름 관리의 팁을 몇 가지 소개한다.

팀 내 업무 흐름을 정의할 때는 씽크와이즈의 중심-하위 개념 형식을 활용한다. 중심 개념에는 업무의 단계를, 하위 개념에는 각 단계의 세부 내용을 입력한다.

팀 내 업무 흐름을 시각화할 때는 씽크와이즈의 다양한 형식을 활용한다. 씽크와이즈의 다양한 형식을 활용하면 팀 내 업무 흐름을 보다 효과적으로 시각화할 수 있다.

팀 내 업무 흐름을 관리할 때는 씽크와이즈의 캘린더 형식이나 차트 형식을 활용한다. 캘린더 형식은 업무의 실행 일정을 고려하여 관리할 수 있도록 도와준다. 차트 형식은 업무의 진행 상황을 고려하여 관리할 수 있도록 도와준다.

이리한 팁을 활용하면 씽크와이즈를 활용한 팀 내 업무 흐름 관리의 효과를 더욱 높일 수 있다.

창의적인 아이디어를 시각화하는 것은 새로운 아이디어의 이해와 공유에 도움이 된다

씽크와이즈, 창의적인 아이디어의 시각화의 든든한 파트너

씽크와이즈는 마인드맵을 작성하는 데 유용한 도구이지만, 그 외에 다양한 용도로 활용할 수 있다. 그중에서도 창의적인 아이디어의 시각화에 효과적이라는 점이 씽크와이즈의 가장 큰 장점 중 하나이다. 씽크와이즈를 활용하면 창의적인 아이디어를 한눈에 파악할 수 있도록 시각적으로 표현할 수 있다. 또한 씽크와이즈를 통해 창의적인 아이디어를 체계적으로 관리하고, 새로운 아이디어의 이해와 공유에 활용할 수 있도록 도와준다.

씽크와이즈를 활용한 창의적인 아이디어의 시각화

씽크와이즈를 활용하여 창의적인 아이디어의 시각화를 수행할 때는 다음과 같은 방법을 사용할 수 있다.

창의적인 아이디어를 도출한다. 창의적인 아이디어를 도출하기 위해서는 다양한 관점에서 생각하고, 기존의 사고방식에서 벗어나야 한다.

창의적인 아이디어를 분류한다. 창의적인 아이디어를 분류하면 아이디어의 관계와 구조를 파악할 수 있다.

창의적인 아이디어를 시각화한다. 창의적인 아이디어를 시각화하면 아이디어를 한눈에 파악하고, 이해하고 공유할 수 있다.

씽크와이즈를 활용한 창의적인 아이디어의 시각화의 장점

씽크와이즈를 활용하여 창의적인 아이디어의 시각화를 수행하면 다음과 같은 장점을 얻을 수 있다.

창의적인 아이디어를 한눈에 파악할 수 있다.

창의적인 아이디어의 관계와 구조를 파악할 수 있다.

새로운 아이디어의 이해와 공유에 도움이 된다.

씽크와이즈는 창의적인 아이디어의 시각화에 효과적인 도구이다. 씽크와이즈를 활용하여 창의적인 아이디어를 효과적으로 시각화하고, 새로운 아이디어의 이해와 공유에 활용하기 바란다.

추가로, 씽크와이즈를 활용한 창의적인 아이디어의 시각화의 팁을 몇 가지 소개한다.

창의적인 아이디어를 도출할 때는 씽크와이즈의 자유 형식이나 브레인스토밍 형식을 활용한다. 자유 형식은 다양한 관점에서 아이디어를 도출할 수 있도록 도와준다. 브레인스토밍 형식은 다양한 사람의 아이디어를 수렴할 수 있도록 도와준다.

창의적인 아이디어를 분류할 때는 씽크와이즈의 중심-하위 개념 형식을 활용한다. 중심 개념에는 아이디어의 주제를, 하위 개념에는 아이디어의 세부 내용을 입력한다.

창의적인 아이디어를 시각화할 때는 씽크와이즈의 다양한 형식을 활용한다. 씽크와이즈의 다양한 형식을 활용하면 창의적인 아이디어를 보다 효과적으로 시각화할 수 있다.

이러한 팁을 활용하면 씽크와이즈를 활용한 창의적인 아이디어의 시각화의 효과를 더욱 높일 수 있다.

철저한 리서치와 데이터 수집 정리는 신뢰할 수 있는 정보를 확보하는 데 도움이 된다

씽크와이즈, 철저한 리서치와 데이터 수집 정리의 든든한 파트너

씽크와이즈는 마인드맵을 작성하는 데 유용한 도구이지만, 그 외에 다양한 용도로 활용할 수 있다. 그중에서도 철저한 리서치와 데이터 수집 정리에 효과적이라는 점이 씽크와이즈의 가장 큰 장점 중 하나이다. 씽크와이즈를 활용하면 리서치와 데이터 수집 정리를 한눈에 파악할 수 있도록 시각적으로 표현할 수 있다. 또한 씽크와이즈를 통해 리서치와 데이터 수집 정리를 체계적으로 관리하고, 신뢰할 수 있는 정보를 확보하는 데 활용할 수 있도록 도와준다.

씽크와이즈를 활용한 철저한 리서치와 데이터 수집 정리

씽크와이즈를 활용하여 철저한 리서치와 데이터 수집 정리를 수행할 때는 다음과 같은 방법을 사용할 수 있다.

리서치와 데이터 수집의 목적을 설정한다. 리서치와 데이터 수집의 목적을 설정하면 리서치와 데이터 수집의 방향을 설정할 수 있다.

리서치와 데이터 수집의 계획을 수립한다. 리서치와 데이터 수집의 계획을 수립하면 리서치와 데이터 수집을 효율적으로 수행할 수 있다.

리서치와 데이터 수집을 수행한다. 리서치와 데이터 수집을 수행할 때는 다양한 출처를 활용하고, 정확한 정보를 수집해야 한다.

리서치와 데이터 수집 결과를 정리한다. 리서치와 데이터 수집 결과를 정리할 때는 씽크와이즈를 활용하여 시각적으로 표현하면 한눈에 파악하고, 관리할 수 있다.

씽크와이즈를 활용한 철저한 리서치와 데이터 수집 정리의 장점

씽크와이즈를 활용하여 철저한 리서치와 데이터 수집 정리를 수행하면 다음과 같은 장점을 얻을 수 있다.

리서치와 데이터 수집의 목적과 방향을 명확히 할 수 있다.

리서치와 데이터 수집을 효율적으로 수행할 수 있다.

신뢰할 수 있는 정보를 확보할 수 있다.

씽크와이즈는 철저한 리서치와 데이터 수집 정리에 효과적인 도구이다. 씽크와이즈를 활용하여 리서치와 데이터 수집을 효과적으로 수행하고, 신뢰할 수 있는 정보를 확보하기 바란다.

추가로, 씽크와이즈를 활용한 철저한 리서치와 데이터 수집 정리의 팁을 몇 가지 소개한다.

리서치와 데이터 수집의 목적을 설정할 때는 씽크와이즈의 중심-하위 개념 형식을 활용한다. 중심 개념에는 리서치와 데이터 수집의 목적을, 하위 개념에는 목적을 달성하기 위한 세부 내용을 입력한다.

리서치와 데이터 수집의 계획을 수립할 때는 씽크와이즈의 캘린더 형식이나 체크리스트 형식을 활용한다. 캘린더 형식은 리서치와 데이터 수집의 일정을 관리할 수 있도록 도와준다. 체크리스트 형식은 리서치와 데이터 수집의 진행 상황을 관리할 수 있도록 도와준다.

리서치와 데이터 수집을 수행할 때는 씽크와이즈의 자유 형식이나 브레인스토밍 형식을 활용한다. 자유 형식은 다양한 관점에서 정보를 수집할 수 있도록 도와준다. 브레인스토밍 형식은 다양한 사람의 의견을 수렴할 수 있도록 도와준다.

리서치와 데이터 수집 결과를 정리할 때는 씽크와이즈의 다양한 형식을 활용한다. 씽크와이즈의 다양한 형식을 활용하면 리서치와 데이터 수집 결과를 보다 효과적으로 정리할 수 있다.

이러한 팁을 활용하면 씽크와이즈를 활용한 철저한 리서치와 데이터 수집 정리의 효과를 더욱 높일 수 있다.

문서 템플릿을 활용하여
효율적으로 작성을 하면
시간과 노력을 절약하는 데 도움이 된다

씽크와이즈, 문서 템플릿 활용의 든든한 파트너

씽크와이즈는 마인드맵을 작성하는 데 유용한 도구이지만, 그 외에 다양한 용도로 활용할 수 있다. 그중에서도 문서 템플릿 활용에 효과적이라는 점이 씽크와이즈의 가장 큰 장점 중 하나이다. 씽크와이즈를 활용하면 문서 템플릿을 한눈에 파악할 수 있도록 시각적으로 표현할 수 있다. 또한 씽크와이즈를 통해 문서 템플릿을 체계적으로 관리하고, 효율적인 작성을 할 수 있도록 도와준다.

씽크와이즈를 활용한 문서 템플릿 활용

씽크와이즈를 활용하여 문서 템플릿을 활용할 때는 다음과 같은 방법을 사용할 수 있다.

문서 템플릿의 목적을 설정한다. 문서 템플릿의 목적을 설정하면 문서 템플릿의 구성 요소를 결정할 수 있다.

문서 템플릿의 구성 요소를 결정한다. 문서 템플릿의 구성 요소를 결정하면 문서 템플릿을 작성할 수 있다.

문서 템플릿을 작성한다. 문서 템플릿을 작성할 때는 씽크와이즈의 다양한 형식을 활용할 수 있다.

씽크와이즈를 활용한 문서 템플릿 활용의 장점

씽크와이즈를 활용하여 문서 템플릿을 활용하면 다음과 같은 장점을 얻을 수 있다.

문서 작성의 효율성을 높일 수 있다.

문서의 일관성을 유지할 수 있다.

문서의 오류를 줄일 수 있다.

씽크와이즈는 문서 템플릿 활용에 효과적인 도구이다. 씽크와이즈를 활용하여 문서 템플릿을 작성하고, 효율적인 작성을 통해 시간과 노력을 절약하기 바란다.

추가로, 씽크와이즈를 활용한 문서 템플릿 활용의 팁을 몇 가지 소개한다.

문서 템플릿의 목적을 설정할 때는 씽크와이즈의 중심-하위 개념 형식을 활용한다. 중심 개념에는 문서 템플릿의 목적을, 하위 개념에는 목적을 달성하기 위한 세부 내용을 입력한다.

문서 템플릿의 구성 요소를 결정할 때는 씽크와이즈의 나무 형식이나 테이블 형식을 활용한다. 나무 형식은 문서 템플릿의 구성 요소의 관계를 고려하여 결정할 수 있도록 도와준다. 테이블 형식은 문서 템플릿의 구성 요소의 내용을 체계적으로 결정할 수 있도록 도와준다.

문서 템플릿을 작성할 때는 씽크와이즈의 다양한 형식을 활용한다. 씽크와이즈의 다양한 형식을 활용하면 문서 템플릿을 보다 효과적으로 작성할 수 있다.

이러한 팁을 활용하면 씽크와이즈를 활용한 문서 템플릿 활용의 효과를 더욱 높일 수 있다.

효율적인 팀원 역할 분담과 협업 계획은
팀의 협업과 성과 향상에 도움이 된다

씽크와이즈, 효율적인 팀원 역할 분담과 협업 계획의 든든한 파트너

씽크와이즈는 마인드맵을 작성하는 데 유용한 도구이지만, 그 외에 다양한 용도로 활용할 수 있다. 그중에서도 효율적인 팀원 역할 분담과 협업 계획에 효과적이라는 점이 씽크와이즈의 가장 큰 장점 중 하나이다. 씽크와이즈를 활용하면 팀원 역할 분담과 협업 계획을 한눈에 파악할 수 있도록 시각적으로 표현할 수 있다. 또한 씽크와이즈를 통해 팀원 역할 분담과 협업 계획을 체계적으로 관리하고, 효율적인 협업과 성과 향상을 도모할 수 있도록 도와준다.

씽크와이즈를 활용한 팀원 역할 분담과 협업 계획

씽크와이즈를 활용하여 팀원 역할 분담과 협업 계획을 수행할 때는 다음과 같은 방법을 사용할 수 있다.

팀의 목표 달성을 위한 전략을 설정한다. 팀의 목표 달성을 위한 전략을 설정하면 팀원 역할 분담과 협업 계획의 방향을 설정할 수 있다.

팀의 역량과 강점을 파악한다. 팀의 역량과 강점을 파악하면 팀원 역할을 적절하게 분담할 수 있다.

팀원 역할 분담 계획을 수립한다. 팀원 역할 분담 계획을 수립하면 팀원들이 각자의 역할을 명확하게 이해할 수 있다.

협업 계획을 수립한다. 협업 계획을 수립하면 팀원들이 효율적으로 협업할 수 있다.

씽크와이즈를 활용한 팀원 역할 분담과 협업 계획의 장점

씽크와이즈를 활용하여 팀원 역할 분담과 협업 계획을 수행하면 다음과 같은 장점을 얻을 수 있다.

팀원 역할 분담과 협업 계획을 체계적으로 수립할 수 있다.
팀원들이 각자의 역할을 명확하게 이해할 수 있다.

팀원들이 효율적으로 협업할 수 있다.

씽크와이즈는 효율적인 팀원 역할 분담과 협업 계획에 효과적인 도구이다. 씽크와이즈를 활용하여 팀원 역할 분담과 협업 계획을 수립하고, 효율적인 협업과 성과 향상을 도모하기 바란다.

추가로, 씽크와이즈를 활용한 팀원 역할 분담과 협업 계획의 팁을 몇 가지 소개한다.

팀의 목표 달성을 위한 전략을 설정할 때는 씽크와이즈의 중심-하위 개념 형식을 활용한다. 중심 개념에는 팀의 목표 달성을 위한 전략을, 하위 개념에는 세부 내용을 입력한다.

팀의 역량과 강점을 파악할 때는 씽크와이즈의 테이블 형식이나 나무 형식을 활용한다. 테이블 형식은 팀원들의 역량과 강점을 체계적으로 파악할 수 있도록 도와준다. 나무 형식은 팀원들의 역량과 강점의 관계를 고려하여 파악할 수 있도록 도와준다.

협업 계획을 수립할 때는 씽크와이즈의 캘린더 형식이나 체크리스트 형식을 활용한다. 캘린더 형식은 협업 일정을 관리할 수 있도록 도와준다. 체크리스트 형식은 협업 진행 상황을 관리할 수 있도록 도와준다.

이러한 팁을 활용하면 씽크와이즈를 활용한 팀원 역할 분담과 협업 계획의 효과를 더욱 높일 수 있다.

개인 노트를 정리하고 관리하는 것은 정보의 정확성과 접근성을 향상시키는 데 도움이 된다

씽크와이즈, 개인 노트 정리 및 관리의 든든한 파트너

씽크와이즈는 마인드맵을 작성하는 데 유용한 도구이지만, 그외에 다양한 용도로 활용할 수 있다. 그중에서도 개인 노트 정리 및 관리에 효과적이라는 점이 씽크와이즈의 가장 큰 장점 중 하나이다. 씽크와이즈를 활용하면 개인 노트를 한눈에 파악할 수 있도록 시각적으로 표현할 수 있다. 또한 씽크와이즈를 통해 개인 노트를 체계적으로 관리하고, 정보의 정확성과 접근성을 향상시킬 수 있도록 도와준다.

씽크와이즈를 활용한 개인 노트 정리 및 관리

씽크와이즈를 활용하여 개인 노트 정리 및 관리를 수행할 때는 다음과 같은 방법을 사용할 수 있다.

개인 노트의 목적을 설정한다. 개인 노트의 목적을 설정하면 개인 노트의 구성을 결정할 수 있다.

개인 노트를 분류한다. 개인 노트를 분류하면 개인 노트의 관계를 파악할 수 있다.

개인 노트를 시각화한다. 개인 노트를 시각화하면 개인 노트를 한눈에 파악할 수 있다.

개인 노트를 검색할 수 있도록 태그를 지정한다. 태그를 지정하면 개인 노트를 보다 쉽게 검색할 수 있다.

씽크와이즈를 활용한 개인 노트 정리 및 관리의 장점

씽크와이즈를 활용하여 개인 노트 정리 및 관리를 수행하면 다음과 같은 장점을 얻을 수 있다.

개인 노트를 한눈에 파악할 수 있다.

개인 노트의 관계를 파악할 수 있다.

개인 노트를 보다 쉽게 검색할 수 있다.

정보의 정확성과 접근성을 향상시킬 수 있다.

씽크와이즈는 개인 노트 정리 및 관리에 효과적인 도구이다. 씽크와이즈를 활용하여 개인 노트를 정리하고 관리하고, 정보의 정확성과 접근성을 향상시키시기 바란다.

추가로, 씽크와이즈를 활용한 개인 노트 정리 및 관리의 팁을 몇 가지 소개한다.

개인 노트를 분류할 때는 씽크와이즈의 나무 형식이나 테이블 형식을 활용한다. 나무 형식은 개인 노트의 관계를 고려하여 분류할 수 있도록 도와준다. 테이블 형식은 개인 노트의 내용을 체계적으로 분류할 수 있도록 도와준다.

개인 노트를 시각화할 때는 씽크와이즈의 중심-하위 개념 형식이나 다이어그램 형식을 활용한다. 중심-하위 개념 형식은 개인 노트의 관계를 고려하여 시각화할 수 있도록 도와준다. 다이어그램 형식은 개인 노트의 구조를 시각화할 수 있도록 도와준다.

개인 노트에 태그를 지정할 때는 씽크와이즈의 텍스트 입력 형식을 활용한다. 텍스트 입력 형식은 개인 노트에 태그를 쉽게 입력할 수 있도록 도와준다.

이러한 팁을 활용하면 씽크와이즈를 활용한 개인 노트 정리 및 관리의 효과를 더욱 높일 수 있다.

고객 피드백을
체계적으로 관리하고 개선하는 것은
제품 또는 서비스의 품질 향상에 도움이 된다

씽크와이즈, 고객 피드백 관리 및 개선의 든든한 파트너

씽크와이즈는 마인드맵을 작성하는 데 유용한 도구이지만, 그 외에 다양한 용도로 활용할 수 있다. 그중에서도 고객 피드백 관리 및 개선에 효과적이라는 점이 씽크와이즈의 가장 큰 장점 중 하나이다. 씽크와이즈를 활용하면 고객 피드백을 한눈에 파악할 수 있도록 시각적으로 표현할 수 있다. 또한 씽크와이즈를 통해 고객 피드백을 체계적으로 관리하고, 개선할 수 있도록 도와준다.

씽크와이즈를 활용한 고객 피드백 관리 및 개선

씽크와이즈를 활용하여 고객 피드백 관리 및 개선을 수행할 때는 다음과 같은 방법을 사용할 수 있다.

고객 피드백을 수집한다. 고객 피드백을 수집하기 위해서는 다양한 방법을 활용할 수 있다. 예를 들어, 설문조사, 인터뷰, 고객 서비스 기록 등을 활용할 수 있다.

고객 피드백을 분류한다. 고객 피드백을 분류하면 고객 피드백의 관계를 파악할 수 있다. 예를 들어, 기능 개선, 디자인 변경, 서비스 개선 등으로 분류할 수 있다.

고객 피드백을 시각화한다. 고객 피드백을 시각화하면 고객 피드백을 한눈에 파악할 수 있다. 예를 들어, 씽크와이즈의 중심-하위 개념 형식이나 다이어그램 형식을 활용할 수 있다.

고객 피드백을 개선한다. 고객 피드백을 개선하기 위해서는 고객 피드백의 우선순위를 정하고, 개선 계획을 수립해야 한다.

씽크와이즈를 활용한 고객 피드백 관리 및 개선의 장점

씽크와이즈를 활용하여 고객 피드백 관리 및 개선을 수행하면 다음과 같은 장점을 얻을 수 있다.

고객 피드백을 한눈에 파악할 수 있다.

고객 피드백의 관계를 파악할 수 있다.

고객 피드백을 보다 효과적으로 개선할 수 있다.

씽크와이즈는 고객 피드백 관리 및 개선에 효과적인 도구이다. 씽크와이즈를 활용하여 고객 피드백을 관리하고 개선하고, 제품 또는 서비스의 품질을 향상시키시기 바란다.

추가로, 씽크와이즈를 활용한 고객 피드백 관리 및 개선의 팁을 몇 가지 소개한다.

고객 피드백을 수집할 때는 씽크와이즈의 설문조사 형식이나 인터뷰 형식을 활용한다. 설문조사 형식은 다양한 고객의 피드백을 수집할 수 있도록 도와준다. 인터뷰 형식은 고객의 피드백을 보다 자세하게 수집할 수 있도록 도와준다.

고객 피드백을 시각화할 때는 씽크와이즈의 중심-하위 개념 형식이나 다이어그램 형식을 활용한다. 중심-하위 개념 형식은 고객 피드백의 관계를 고려하여 시각화할 수 있도록 도와준다. 다이어그램 형식은 고객 피드백의 구조를 고려하여 시각화할 수 있도록 도와준다.

고객 피드백을 개선할 때는 씽크와이즈의 캘린더 형식이나 체크리스트 형식을 활용한다. 캘린더 형식은 고객 피드백 개선 일정을 관리할 수 있도록 도와준다. 체크리스트 형식은 고객 피드백 개선 진행 상황을 관리할 수 있도록 도와준다.

이러한 팁을 활용하면 씽크와이즈를 활용한 고객 피드백 관리 및 개선의 효과를 더욱 높일 수 있다.

시각적으로 계획과 프로젝트 흐름을 표현하는 것은 **목표 달성과 협업의 효율성을 높이는 데 도움이 된다**

씽크와이즈, 시각적인 계획 및 프로젝트 흐름 시각화의 든든한 파트너

씽크와이즈는 마인드맵을 작성하는 데 유용한 도구이지만, 그 외에 다양한 용도로 활용할 수 있다. 그중에서도 시각적인 계획 및 프로젝트 흐름 시각화에 효과적이라는 점이 씽크와이즈의 가장 큰 장점 중 하나이다. 씽크와이즈를 활용하면 계획과 프로젝트 흐름을 한눈에 파악할 수 있도록 시각적으로 표현할 수 있다. 또한 씽크와이즈를 통해 계획과 프로젝트 흐름을 체계적으로 관리하고, 협업의 효율성을 높일 수 있도록 도와준다.

씽크와이즈를 활용한 시각적인 계획 및 프로젝트 흐름 시각화

씽크와이즈를 활용하여 시각적인 계획 및 프로젝트 흐름 시각화를 수행할 때는 다음과 같은 방법을 사용할 수 있다.

계획과 프로젝트의 목표를 설정한다. 계획과 프로젝트의 목표를 설정하면 계획과 프로젝트의 방향을 설정할 수 있다.

계획과 프로젝트의 단계를 결정한다. 계획과 프로젝트의 단계를 결정하면 계획과 프로젝트의 흐름을 파악할 수 있다.

계획과 프로젝트의 세부 내용을 작성한다. 계획과 프로젝트의 세부 내용을 작성하면 계획과 프로젝트를 보다 효과적으로 수행할 수 있다.

계획과 프로젝트 흐름을 시각화한다. 계획과 프로젝트 흐름을 시각화하면 계획과 프로젝트를 한눈에 파악할 수 있다.

씽크와이즈를 활용한 시각적인 계획 및 프로젝트 흐름 시각화의 장점

씽크와이즈를 활용하여 시각적인 계획 및 프로젝트 흐름 시각화를 수행하면 다음과 같은 장점을 얻을 수 있다.

계획과 프로젝트 흐름을 한눈에 파악할 수 있다.

계획과 프로젝트의 관계를 파악할 수 있다.

계획과 프로젝트의 진행 상황을 쉽게 확인할 수 있다.

협업의 효율성을 높일 수 있다.

씽크와이즈는 시각적인 계획 및 프로젝트 흐름 시각화에 효과적인 도구이다. 씽크와이즈를 활용하여 계획과 프로젝트 흐름을 시각화하고, 목표 달성과 협업의 효율성을 높이기 바란다.

추가로, 씽크와이즈를 활용한 시각적인 계획 및 프로젝트 흐름 시각화의 팁을 몇 가지 소개한다.

계획과 프로젝트의 단계를 결정할 때는 씽크와이즈의 나무 형식이나 테이블 형식을 활용한다. 나무 형식은 단계의 관계를 고려하여 결정할 수 있도록 도와준다. 테이블 형식은 단계의 내용을 체계적으로 결정할 수 있도록 도와준다.

계획과 프로젝트의 세부 내용을 작성할 때는 씽크와이즈의 자유 형식이나 텍스트 입력 형식을 활용한다. 자유 형식은 다양한 관점에서 세부 내용을 작성할 수 있도록 도와준다. 텍스트 입력 형식은 세부 내용을 쉽게 작성할 수 있도록 도와준다.

계획과 프로젝트 흐름을 시각화할 때는 씽크와이즈의 중심-하위 개념 형식이나 다이어그램 형식을 활용한다. 중심-하위 개념 형식은 단계의 관계를 고려하여 시각화할 수 있도록 도와준다. 다이어그램 형식은 단계의 구조를 시각화할 수 있도록 도와준다.

이러한 팁을 활용하면 씽크와이즈를 활용한 시각적인 계획 및 프로젝트 흐름 시각화의 효과를 더욱 높일 수 있다.

팀 내에서 지식을 공유하고 문서화하는 것은
효율적인 지식 공유와 협업을 위한
필수적인 요소이다

씽크와이즈, 팀 내 지식 공유 및 문서화의 든든한 파트너

씽크와이즈는 마인드맵을 작성하는 데 유용한 도구이지만, 그 외에 다양한 용도로 활용할 수 있다. 그중에서도 팀 내 지식 공유 및 문서화에 효과적이라는 점이 씽크와이즈의 가장 큰 장점 중 하나이다. 씽크와이즈를 활용하면 팀 내 지식을 한눈에 파악할 수 있도록 시각적으로 표현할 수 있다. 또한 씽크와이즈를 통해 팀 내 지식을 체계적으로 관리하고, 협업을 효율적으로 할 수 있도록 도와준다.

씽크와이즈를 활용한 팀 내 지식 공유 및 문서화

씽크와이즈를 활용하여 팀 내 지식 공유 및 문서화를 수행할 때는 다음과 같은 방법을 사용할 수 있다.

팀 내 지식을 수집한다. 팀 내 지식을 수집하기 위해서는 다양한 방법을 활용할 수 있다. 예를 들어, 인터뷰, 설문조사, 문서 등을 활용할 수 있다.

팀 내 지식을 분류한다. 팀 내 지식을 분류하면 팀 내 지식의 관계를 파악할 수 있다. 예를 들어, 업무, 기술, 도구 등으로 분류할 수 있다.

팀 내 지식을 시각화한다. 팀 내 지식을 시각화하면 팀 내 지식을 한눈에 파악할 수 있다. 예를 들어, 씽크와이즈의 중심-하위 개념 형식이나 다이어그램 형식을 활용할 수 있다.

팀 내 지식을 문서화한다. 팀 내 지식을 문서화하면 팀 내 지식을 보다 쉽게 공유하고 활용할 수 있다.

씽크와이즈를 활용한 팀 내 지식 공유 및 문서화의 장점

씽크와이즈를 활용하여 팀 내 지식 공유 및 문서화를 수행하면 다음과 같은 장점을 얻을 수 있다.

팀 내 지식을 한눈에 파악할 수 있다.

팀 내 지식의 관계를 파악할 수 있다.

팀 내 지식을 보다 쉽게 공유하고 활용할 수 있다.

협업을 효율적으로 할 수 있다.

씽크와이즈는 팀 내 지식 공유 및 문서화에 효과적인 도구이다. 씽크와이즈를 활용하여 팀 내 지식을 공유하고 문서화하고, 효율적인 지식 공유와 협업을 이루기 바란다.

추가로, 씽크와이즈를 활용한 팀 내 지식 공유 및 문서화의 팁을 몇 가지 소개한다.

팀 내 지식을 수집할 때는 씽크와이즈의 인터뷰 형식이나 설문조사 형식을 활용한다. 인터뷰 형식은 팀원들의 의견을 보다 자세하게 수집할 수 있도록 도와준다. 설문조사 형식은 다양한 팀원들의 의견을 수집할 수 있도록 도와준다.

팀 내 지식을 분류할 때는 씽크와이즈의 중심-하위 개념 형식이나 나무 형식을 활용한다. 중심-하위 개념 형식은 지식의 관계를 고려하여 분류할 수 있도록 도와준다. 나무 형식은 지식의 구조를 고려하여 분류할 수 있도록 도와준다.

팀 내 지식을 시각화할 때는 씽크와이즈의 다이어그램 형식을 활용한다. 다이어그램 형식은 지식의 구조를 시각화할 수 있도록 도와준다.

팀 내 지식을 문서화할 때는 씽크와이즈의 텍스트 입력 형식이나 테이블 형식을 활용한다. 텍스트 입력 형식은 지식을 쉽게 문서화할 수 있도록 도와준다. 테이블 형식은 지식을 체계적으로 문서화할 수 있도록 도와준다.

이러한 팁을 활용하면 씽크와이즈를 활용한 팀 내 지식 공유 및 문서화의 효과를 더욱 높일 수 있다.

개인 습관과 목표를 관리하는 것은
성공적인 개인 성장과 목표 달성에
효과적이다

씽크와이즈, 개인 습관 및 목표 관리의 든든한 파트너

씽크와이즈는 마인드맵을 작성하는 데 유용한 도구이지만, 그 외에 다양한 용도로 활용할 수 있다. 그중에서도 개인 습관 및 목표 관리에 효과적이라는 점이 씽크와이즈의 가장 큰 장점 중 하나이다. 씽크와이즈를 활용하면 개인 습관과 목표를 한눈에 파악할 수 있도록 시각적으로 표현할 수 있다. 또한 씽크와이즈를 통해 개인 습관과 목표를 체계적으로 관리하고, 목표 달성을 향해 나아갈 수 있도록 도와준다.

씽크와이즈를 활용한 개인 습관 및 목표 관리

씽크와이즈를 활용하여 개인 습관 및 목표 관리를 수행할 때는 다음과 같은 방법을 사용할 수 있다.

개인 습관과 목표를 설정한다. 개인 습관과 목표를 설정하면 개인 성장과 목표 달성의 방향을 설정할 수 있다.

개인 습관과 목표를 분류한다. 개인 습관과 목표를 분류하면 개인 습관과 목표의 관계를 파악할 수 있다.

개인 습관과 목표를 시각화한다. 개인 습관과 목표를 시각화하면 개인 습관과 목표를 한눈에 파악할 수 있다.

개인 습관과 목표를 관리한다. 개인 습관과 목표를 관리하면 개인 습관을 형성하고, 목표를 달성할 수 있다.

씽크와이즈를 활용한 개인 습관 및 목표 관리의 장점

씽크와이즈를 활용하여 개인 습관 및 목표 관리를 수행하면 다음과 같은 장점을 얻을 수 있다.

개인 습관과 목표를 한눈에 파악할 수 있다.

개인 습관과 목표의 관계를 파악할 수 있다.

개인 습관과 목표를 보다 쉽게 관리할 수 있다.

목표 달성을 향해 나아갈 수 있다.

씽크와이즈는 개인 습관 및 목표 관리에 효과적인 도구이다. 씽크와이즈를 활용하여 개인 습관과 목표를 관리하고, 성공적인 개인 성장과 목표 달성을 이루기 바란다.

추가로, 씽크와이즈를 활용한 개인 습관 및 목표 관리의 팁을 몇 가지 소개한다.

개인 습관과 목표를 분류할 때는 씽크와이즈의 나무 형식이나 테이블 형식을 활용한다. 나무 형식은 습관의 관계를 고려하여 분류할 수 있도록 도와준다. 테이블 형식은 목표의 내용을 체계적으로 분류할 수 있도록 도와준다.

개인 습관과 목표를 시각화할 때는 씽크와이즈의 중심-하위 개념 형식이나 다이어그램 형식을 활용한다. 중심-하위 개념 형식은 습관의 관계를 고려하여 시각화할 수 있도록 도와준다. 다이어그램 형식은 목표의 구조를 시각화할 수 있도록 도와준다.

개인 습관과 목표를 관리할 때는 씽크와이즈의 체크리스트 형식이나 달력 형식을 활용한다. 체크리스트 형식은 습관의 실천 여부를 체크할 수 있도록 도와준다. 달력 형식은 목표 달성 일정을 관리할 수 있도록 도와준다.

이러한 팁을 활용하면 씽크와이즈를 활용한 개인 습관 및 목표 관리의 효과를 더욱 높일 수 있다.

비즈니스 프로세스를 지속적으로 개선하는 것은 **효율성과 경쟁력을** 향상시키는 데 **도움이 된다**

씽크와이즈, 비즈니스 프로세스 개선의 든든한 파트너

씽크와이즈는 마인드맵을 작성하는 데 유용한 도구이지만, 그 외에 다양한 용도로 활용할 수 있다. 그중에서도 비즈니스 프로세스 개선에 효과적이라는 점이 씽크와이즈의 가장 큰 장점 중 하나이다. 씽크와이즈를 활용하면 비즈니스 프로세스를 한눈에 파악할 수 있도록 시각적으로 표현할 수 있다. 또한 씽크와이즈를 통해 비즈니스 프로세스를 체계적으로 분석하고, 개선 방안을 도출할 수 있도록 도와준다.

씽크와이즈를 활용한 비즈니스 프로세스 개선

씽크와이즈를 활용하여 비즈니스 프로세스 개선을 수행할 때는 다음과 같은 방법을 사용할 수 있다.

비즈니스 프로세스를 정의한다. 비즈니스 프로세스를 정의하면 개선의 대상을 명확히 할 수 있다.

비즈니스 프로세스를 분석한다. 비즈니스 프로세스를 분석하면 개선의 필요성을 파악할 수 있다.

비즈니스 프로세스를 개선한다. 비즈니스 프로세스를 개선하면 효율성과 경쟁력을 향상시킬 수 있다.

씽크와이즈를 활용한 비즈니스 프로세스 개선의 장점

씽크와이즈를 활용하여 비즈니스 프로세스 개선을 수행하면 다음과 같은 장점을 얻을 수 있다.

비즈니스 프로세스를 한눈에 파악할 수 있다.

비즈니스 프로세스의 관계를 파악할 수 있다.

비즈니스 프로세스의 개선 필요성을 파악할 수 있다.

비즈니스 프로세스를 보다 효과적으로 개선할 수 있다.

씽크와이즈는 비즈니스 프로세스 개선에 효과적인 도구이다. 씽크와이즈를 활용하여 비즈니스 프로세스를 개선하고, 효율성과 경쟁력을 향상시키시기 바란다.

추가로, 씽크와이즈를 활용한 비즈니스 프로세스 개선의 팁을 몇 가지 소개한다.

비즈니스 프로세스를 정의할 때는 씽크와이즈의 중심-하위 개념 형식을 활용한다. 중심 개념에는 비즈니스 프로세스의 이름, 하위 개념에는 프로세스의 단계를 입력한다.

비즈니스 프로세스를 분석할 때는 씽크와이즈의 워크플로우 형식이나 다이어그램 형식을 활용한다. 워크플로우 형식은 프로세스의 흐름을 시각화할 수 있도록 도와준다. 다이어그램 형식은 프로세스의 구조를 시각화할 수 있도록 도와준다.

비즈니스 프로세스를 개선할 때는 씽크와이즈의 솔루션 형식을 활용한다. 솔루션 형식은 개선 방안을 체계적으로 정리할 수 있도록 도와준다.

이러한 팁을 활용하면 씽크와이즈를 활용한 비즈니스 프로세스 개선의 효과를 더욱 높일 수 있다.

팀 내 프로젝트 일정을 조율하는 것은 프로젝트의 진행과 성과 평가에 도움이 된다

씽크와이즈, 팀 내 프로젝트 일정 조율의 든든한 파트너

씽크와이즈는 마인드맵을 작성하는 데 유용한 도구이지만, 그 외에 다양한 용도로 활용할 수 있다. 그중에서도 팀 내 프로젝트 일정 조율에 효과적이라는 점이 씽크와이즈의 가장 큰 장점 중 하나이다. 씽크와이즈를 활용하면 팀 내 프로젝트 일정을 한눈에 파악할 수 있도록 시각적으로 표현할 수 있다. 또한 씽크와이즈를 통해 팀 내 프로젝트 일정을 체계적으로 관리하고, 협업을 효율적으로 할 수 있도록 도와준다.

씽크와이즈를 활용한 팀 내 프로젝트 일정 조율

씽크와이즈를 활용하여 팀 내 프로젝트 일정 조율을 수행할 때는 다음과 같은 방법을 사용할 수 있다.

팀 내 프로젝트 일정을 수립한다. 팀 내 프로젝트 일정을 수립하면 프로젝트의 진행 방향을 설정할 수 있다.

팀 내 프로젝트 일정을 공유한다. 팀 내 프로젝트 일정을 공유하면 팀원들이 서로의 업무를 이해하고, 협업을 효율적으로 할 수 있다.

팀 내 프로젝트 일정을 관리한다. 팀 내 프로젝트 일정을 관리하면 프로젝트의 진행 상황을 파악하고, 문제점을 조기에 발견할 수 있다.

씽크와이즈를 활용한 팀 내 프로젝트 일정 조율의 장점

씽크와이즈를 활용하여 팀 내 프로젝트 일정 조율을 수행하면 다음과 같은 장점을 얻을 수 있다.

팀 내 프로젝트 일정을 한눈에 파악할 수 있다.

팀 내 프로젝트 일정의 관계를 파악할 수 있다.

팀 내 프로젝트 일정을 보다 쉽게 공유하고 관리할 수 있다.

팀 내 프로젝트 일정을 보다 효과적으로 조율할 수 있다.

씽크와이즈는 팀 내 프로젝트 일정 조율에 효과적인 도구이다. 씽크와이즈를 활용하여 팀 내 프로젝트 일정을 조율하고, 프로젝트의 진행과 성과 평가에 도움이 되시기 바란다.

추가로, 씽크와이즈를 활용한 팀 내 프로젝트 일정 조율의 팁을 몇 가지 소개한다.

팀 내 프로젝트 일정을 수립할 때는 씽크와이즈의 중심-하위 개념 형식이나 워크플로우 형식을 활용한다. 중심 개념에는 프로젝트의 이름, 하위 개념에는 일정의 세부 내용을 입력한다. 워크플로우 형식은 일정의 흐름을 시각화할 수 있도록 도와준다.

팀 내 프로젝트 일정을 공유할 때는 씽크와이즈의 웹 페이지나 PDF 형식을 활용한다. 웹 페이지 형식은 팀원들이 언제 어디서나 일정을 확인할 수 있도록 도와준다. PDF 형식은 일정을 쉽게 출력하여 공유할 수 있다.

팀 내 프로젝트 일정을 관리할 때는 씽크와이즈의 체크리스트 형식이나 달력 형식을 활용한다. 체크리스트 형식은 일정의 진행 상황을 체크할 수 있도록 도와준다. 달력 형식은 일정의 마감일을 관리할 수 있도록 도와준다.

이러한 팁을 활용하면 씽크와이즈를 활용한 팀 내 프로젝트 일정 조율의 효과를 더욱 높일 수 있다.

문서 검토와 수정 프로세스를 체계적으로 관리하는 것은 **정확성과 품질을** 향상시키는 데 도움이 된다

씽크와이즈, 문서 검토 및 수정 프로세스 관리의 든든한 파트너

씽크와이즈는 마인드맵을 작성하는 데 유용한 도구이지만, 그 외에 다양한 용도로 활용할 수 있다. 그중에서도 문서 검토 및 수정 프로세스 관리에 효과적이라는 점이 씽크와이즈의 가장 큰 장점 중 하나이다. 씽크와이즈를 활용하면 문서 검토 및 수정 프로세스를 한눈에 파악할 수 있도록 시각적으로 표현할 수 있다. 또한 씽크와이즈를 통해 문서 검토 및 수정 프로세스를 체계적으로 관리하고, 효율적으로 수행할 수 있도록 도와준다.

씽크와이즈를 활용한 문서 검토 및 수정 프로세스 관리

씽크와이즈를 활용하여 문서 검토 및 수정 프로세스 관리를 수행할 때는 다음과 같은 방법을 사용할 수 있다.

문서 검토 및 수정 프로세스를 정의한다. 문서 검토 및 수정 프로세스를 정의하면 검토 및 수정의 범위와 절차를 명확히 할 수 있다.

문서 검토 및 수정 프로세스를 공유한다. 문서 검토 및 수정 프로세스를 공유하면 검토자와 수정자가 프로세스를 이해하고, 협업을 효율적으로 할 수 있다.

문서 검토 및 수정 프로세스를 관리한다. 문서 검토 및 수정 프로세스를 관리하면 검토 및 수정의 진행 상황을 파악하고, 문제점을 조기에 발견할 수 있다.

씽크와이즈를 활용한 문서 검토 및 수정 프로세스 관리의 장점

씽크와이즈를 활용하여 문서 검토 및 수정 프로세스 관리를 수행하면 다음과 같은 장점을 얻을 수 있다.

문서 검토 및 수정 프로세스를 한눈에 파악할 수 있다.
문서 검토 및 수정 프로세스의 관계를 파악할 수 있다.

문서 검토 및 수정 프로세스를 보다 쉽게 공유하고 관리할 수 있다.

씽크와이즈는 문서 검토 및 수정 프로세스 관리에 효과적인 도구이다. 씽크와이즈를 활용하여 문서 검토 및 수정 프로세스를 관리하고, 정확성과 품질을 향상시키시기 바란다.

추가로, 씽크와이즈를 활용한 문서 검토 및 수정 프로세스 관리의 팁을 몇 가지 소개한다.

문서 검토 및 수정 프로세스를 정의할 때는 씽크와이즈의 중심-하위 개념 형식이나 워크플로우 형식을 활용한다. 중심 개념에는 문서 검토 및 수정의 목적, 하위 개념에는 검토 및 수정의 단계를 입력한다. 워크플로우 형식은 검토 및 수정의 흐름을 시각화할 수 있도록 도와준다.

문서 검토 및 수정 프로세스를 공유할 때는 씽크와이즈의 웹페이지나 PDF 형식을 활용한다. 웹 페이지 형식은 검토자와 수정자가 언제 어디서나 프로세스를 확인할 수 있도록 도와준다. PDF 형식은 프로세스를 쉽게 출력하여 공유할 수 있다.

문서 검토 및 수정 프로세스를 관리할 때는 씽크와이즈의 체크리스트 형식이나 달력 형식을 활용한다. 체크리스트 형식은 검토 및 수정의 진행 상황을 체크할 수 있도록 도와준다. 달력 형식은 검토 및 수정의 마감일을 관리할 수 있도록 도와준다.

이러한 팁을 활용하면 씽크와이즈를 활용한 문서 검토 및 수정 프로세스 관리의 효과를 더욱 높일 수 있다.

팀 내 회의 일정을 계획하고 준비하는 것은 효율적인 회의 진행과 의사 결정에 도움이 된다

씽크와이즈, 팀 내 회의 일정 및 준비의 든든한 파트너

씽크와이즈는 마인드맵을 작성하는 데 유용한 도구이지만, 그 외에 다양한 용도로 활용할 수 있다. 그중에서도 팀 내 회의 일정 및 준비에 효과적이라는 점이 씽크와이즈의 가장 큰 장점 중 하나이다. 씽크와이즈를 활용하면 팀 내 회의 일정을 한눈에 파악할 수 있도록 시각적으로 표현할 수 있다. 또한 씽크와이즈를 통해 팀 내 회의 일정을 체계적으로 관리하고, 효율적으로 진행하도록 도와준다.

씽크와이즈를 활용한 팀 내 회의 일정 및 준비

씽크와이즈를 활용하여 팀 내 회의 일정 및 준비를 수행할 때는 다음과 같은 방법을 사용할 수 있다.

회의 일정을 수립한다. 회의 일정을 수립하면 회의의 목적과 목표를 명확히 할 수 있다.

회의 참석자를 선정한다. 회의 참석자를 선정하면 회의의 효율성을 높일 수 있다.

회의 안건을 정리한다. 회의 안건을 정리하면 회의의 진행을 원활하게 할 수 있다. 회의 자료를 준비한다. 회의 자료를 준비하면 회의의 이해도를 높일 수 있다.

씽크와이즈를 활용한 팀 내 회의 일정 및 준비의 장점

씽크와이즈를 활용하여 팀 내 회의 일정 및 준비를 수행하면 다음과 같은 장점을 얻을 수 있다.

팀 내 회의 일정을 한눈에 파악할 수 있다.

팀 내 회의 일정의 관계를 파악할 수 있다.

팀 내 회의 일정을 보다 쉽게 공유하고 관리할 수 있다.

팀 내 회의 일정을 보다 효과적으로 계획하고 준비할 수 있다.

씽크와이즈는 팀 내 회의 일정 및 준비에 효과적인 도구이다. 씽크와이즈를 활용하여 팀 내 회의 일정 및 준비를 하고, 효율적인 회의 진행과 의사 결정에 도움이 되시기 바란다.

추가로, 씽크와이즈를 활용한 팀 내 회의 일정 및 준비의 팁을 몇 가지 소개한다.

회의 일정을 수립할 때는 씽크와이즈의 중심-하위 개념 형식이나 달력 형식을 활용한다. 중심 개념에는 회의의 목적, 하위 개념에는 회의의 일정을 입력한다. 달력 형식은 회의의 날짜와 시간을 시각화할 수 있도록 도와준다.

회의 참석자를 선정할 때는 씽크와이즈의 워크플로우 형식이나 목록 형식을 활용한다. 워크플로우 형식은 회의 참석자의 역할을 시각화할 수 있도록 도와준다. 목록 형식은 회의 참석자를 쉽게 관리할 수 있도록 도와준다.

회의 안건을 정리할 때는 테이블 형식을 활용한다. 테이블 형식은 회의 안건의 정보를 체계적으로 정리할 수 있도록 도와준다.

회의 자료를 준비할 때는 씽크와이즈의 웹 페이지나 PDF 형식을 활용한다. 웹 페이지 형식은 회의 참석자들이 언제 어디서나 자료를 확인할 수 있도록 도와준다. PDF 형식은 자료를 쉽게 출력하여 공유할 수 있다.

이러한 팁을 활용하면 씽크와이즈를 활용한 팀 내 회의 일정 및 준비의 효과를 더욱 높일 수 있다.

체계적이고 정확한 개인 노트 정리와 학습 자료 작성은 지식 습득과 학습 효율성을 높이는 데 도움이 된다

씽크와이즈, 개인 노트 정리 및 학습 자료 작성의 든든한 파트너

씽크와이즈는 마인드맵을 작성하는 데 유용한 도구이지만, 그 외에 다양한 용도로 활용할 수 있다. 그중에서도 개인 노트 정리 및 학습 자료 작성에 효과적이라는 점이 씽크와이즈의 가장 큰 장점 중 하나이다. 씽크와이즈를 활용하면 개인 노트를 한눈에 파악할 수 있도록 시각적으로 표현할 수 있다. 또한 씽크와이즈를 통해 개인 노트를 체계적으로 정리하고, 이해할 수 있도록 도와준다.

씽크와이즈를 활용한 개인 노트 정리 및 학습 자료 작성

씽크와이즈를 활용하여 개인 노트 정리 및 학습 자료 작성을 수행할 때는 다음과 같은 방법을 사용할 수 있다.

개인 노트를 수집한다. 개인 노트를 수집하면 학습한 내용을 정리할 수 있다.

개인 노트를 분류한다. 개인 노트를 분류하면 학습한 내용의 관계를 파악할 수 있다.

개인 노트를 정리한다. 개인 노트를 정리하면 학습한 내용을 보다 쉽게 이해할 수 있다.

학습 자료를 작성한다. 학습 자료를 작성하면 학습한 내용을 체계적으로 정리할 수 있다.

씽크와이즈를 활용한 개인 노트 정리 및 학습 자료 작성의 장점

씽크와이즈를 활용하여 개인 노트 정리 및 학습 자료 작성을 수행하면 다음과 같은 장점을 얻을 수 있다.

개인 노트를 한눈에 파악할 수 있다.

개인 노트의 관계를 파악할 수 있다.

개인 노트를 보다 쉽게 이해할 수 있다.

학습 자료를 보다 체계적으로 정리할 수 있다.

씽크와이즈는 개인 노트 정리 및 학습 자료 작성에 효과적인 도구이다. 씽크와이즈를 활용하여 개인 노트를 정리하고, 학습 효율성을 높이기 바란다.

추가로, 씽크와이즈를 활용한 개인 노트 정리 및 학습 자료 작성의 팁을 몇 가지 소개한다.

개인 노트를 수집할 때는 씽크와이즈의 인터뷰 형식이나 설문조사 형식을 활용한다. 인터뷰 형식은 수업 내용을 보다 자세하게 수집할 수 있도록 도와준다. 설문조사 형식은 다양한 수업 내용을 수집할 수 있도록 도와준다.

개인 노트를 분류할 때는 씽크와이즈의 중심-하위 개념 형식이나 나무 형식을 활용한다. 중심 개념에는 수업 주제, 하위 개념에는 수업 내용을 입력한다. 나무 형식은 수업 내용의 구조를 시각화할 수 있도록 도와준다.

개인 노트를 정리할 때는 씽크와이즈의 워크플로우 형식이나 테이블 형식을 활용한다. 워크플로우 형식은 수업 내용의 흐름을 시각화할 수 있도록 도와준다. 테이블 형식은 수업 내용의 정보를 체계적으로 정리할 수 있도록 도와준다. 학습 자료를 작성할 때는 씽크와이즈의 웹 페이지나 PDF 형식을 활용한다. 웹 페이지 형식은 학습 자료가 쉽게 공유될 수 있도록 도와준다. PDF 형식은 학습 자료가 쉽게 출력될 수 있도록 도와준다.

이러한 팁을 활용하면 씽크와이즈를 활용한 개인 노트 정리 및 학습 자료 작성의 효과를 더욱 높일 수 있다.

효과적인 팀 멤버 성과 추적과 공정한 보상은
팀 동료들의 동기부여와 성과 향상에
기여한다

씽크와이즈, 팀 멤버 성과 추적 및 보상의 든든한 파트너

씽크와이즈는 마인드맵을 작성하는 데 유용한 도구이지만, 그 외에 다양한 용도로 활용할 수 있다. 그중에서도 팀 멤버 성과 추적 및 보상에 효과적이라는 점이 씽크와이즈의 가장 큰 장점 중 하나이다. 씽크와이즈를 활용하면 팀 멤버의 성과를 한눈에 파악할 수 있도록 시각적으로 표현할 수 있다. 또한 씽크와이즈를 통해 팀 멤버의 성과를 체계적으로 추적하고, 공정하게 보상할 수 있도록 도와준다.

씽크와이즈를 활용한 팀 멤버 성과 추적 및 보상

씽크와이즈를 활용하여 팀 멤버 성과 추적 및 보상을 수행할 때는 다음과 같은 방법을 사용할 수 있다.

팀 멤버의 성과 목표를 설정한다. 팀 멤버의 성과 목표를 설정하면 성과를 추적하고 평가할 기준을 마련할 수 있다.

팀 멤버의 성과를 측정한다. 팀 멤버의 성과를 측정하면 성과를 추적하고 평가할 수 있다.

팀 멤버의 성과를 평가한다. 팀 멤버의 성과를 평가하면 성과를 보상할 기준을 마련할 수 있다.

팀 멤버에게 보상을 제공한다. 팀 멤버에게 보상을 제공하면 동기부여와 성과 향상에 기여할 수 있다.

씽크와이즈를 활용한 팀 멤버 성과 추적 및 보상의 장점

씽크와이즈를 활용하여 팀 멤버 성과 추적 및 보상을 수행하면 다음과 같은 장점을 얻을 수 있다.

팀 멤버의 성과를 한눈에 파악할 수 있다.

팀 멤버의 성과의 관계를 파악할 수 있다.

팀 멤버의 성과를 보다 정확하게 추적하고 평가할 수 있다.

팀 멤버에게 공정한 보상을 제공할 수 있다.

씽크와이즈는 팀 멤버 성과 추적 및 보상에 효과적인 도구이다. 씽크와이즈를 활용하여 팀 멤버의 성과를 추적하고 보상하고, 팀 동료들의 동기부여와 성과 향상에 기여하기 바란다.

추가로, 씽크와이즈를 활용한 팀 멤버 성과 추적 및 보상의 팁을 몇 가지 소개한다.

팀 멤버의 성과 목표를 설정할 때는 씽크와이즈의 중심-하위 개념 형식이나 워크플로우 형식을 활용한다. 중심 개념에는 성과 목표의 주제, 하위 개념에는 성과 목표의 세부 내용을 입력한다. 워크플로우 형식은 성과 목표의 흐름을 시각화할 수 있도록 도와준다.

팀 멤버의 성과를 측정할 때는 씽크와이즈의 리스트 형식이나 테이블 형식을 활용한다. 리스트 형식은 성과를 쉽게 정리할 수 있도록 도와준다. 테이블 형식은 성과의 정보를 체계적으로 정리할 수 있도록 도와준다.

팀 멤버의 성과를 평가할 때는 씽크와이즈의 척도 형식이나 점수 형식을 활용한다. 척도 형식은 성과를 보다 객관적으로 평가할 수 있도록 도와준다. 점수 형식은 성과를 보다 정량적으로 평가할 수 있도록 도와준다.

팀 멤버에게 보상을 제공할 때는 씽크와이즈의 웹 페이지나 PDF 형식을 활용한다. 웹 페이지 형식은 보상 내용이 쉽게 공유될 수 있도록 도와준다. PDF 형식은 보상 내용이 쉽게 출력될 수 있도록 도와준다.

이러한 팁을 활용하면 씽크와이즈를 활용한 팀 멤버 성과 추적 및 보상의 효과를 더욱 높일 수 있다

철저한 판매 기록과 거래 관리는
매출 향상과 고객 관리에 효과적이다

씽크와이즈, 판매 기록 및 거래 관리의 든든한 파트너

씽크와이즈는 마인드맵을 작성하는 데 유용한 도구이지만, 그 외에 다양한 용도로 활용할 수 있다. 그중에서도 판매 기록 및 거래 관리에 효과적이라는 점이 씽크와이즈의 가장 큰 장점 중 하나이다. 씽크와이즈를 활용하면 판매 기록 및 거래 정보를 한눈에 파악할 수 있도록 시각적으로 표현할 수 있다. 또한 씽크와이즈를 통해 판매 기록 및 거래 정보를 체계적으로 관리하고, 효율적으로 활용할 수 있도록 도와준다.

씽크와이즈를 활용한 판매 기록 및 거래 관리

씽크와이즈를 활용하여 판매 기록 및 거래 관리를 수행할 때는 다음과 같은 방법을 사용할 수 있다.

판매 기록 및 거래 정보를 수집한다. 판매 기록 및 거래 정보를 수집하면 판매 및 거래 현황을 파악할 수 있다.

판매 기록 및 거래 정보를 분류한다. 판매 기록 및 거래 정보를 분류하면 판매 및 거래의 관계를 파악할 수 있다.

판매 기록 및 거래 정보를 분석한다. 판매 기록 및 거래 정보를 분석하면 판매 및 거래의 동향을 파악할 수 있다.

판매 기록 및 거래 정보를 관리한다. 판매 기록 및 거래 정보를 관리하면 판매 및 거래를 보다 효율적으로 관리할 수 있다.

씽크와이즈를 활용한 판매 기록 및 거래 관리의 장점

씽크와이즈를 활용하여 판매 기록 및 거래 관리를 수행하면 다음과 같은 장점을 얻을 수 있다.

판매 기록 및 거래 정보를 한눈에 파악할 수 있다.

판매 기록 및 거래의 관계를 파악할 수 있다.

판매 기록 및 거래의 동향을 파악할 수 있다.

판매 기록 및 거래를 보다 효율적으로 관리할 수 있다.

씽크와이즈는 판매 기록 및 거래 관리에 효과적인 도구이다. 씽크와이즈를 활용하여 판매 기록 및 거래를 관리하고, 매출 향상과 고객 관리에 기여하기 바란다.

추가로, 씽크와이즈를 활용한 판매 기록 및 거래 관리의 팁을 몇 가지 소개한다.

판매 기록 및 거래 정보를 수집할 때는 씽크와이즈의 인터뷰 형식이나 설문조사 형식을 활용한다. 인터뷰 형식은 고객의 의견을 보다 자세하게 수집할 수 있도록 도와준다. 설문조사 형식은 다양한 고객의 의견을 수집할 수 있도록 도와준다.

판매 기록 및 거래 정보를 분류할 때는 씽크와이즈의 중심-하위 개념 형식이나 나무 형식을 활용한다. 중심 개념에는 판매 또는 거래의 주제, 하위 개념에는 판매 또는 거래의 세부 내용을 입력한다. 나무 형식은 판매 또는 거래의 구조를 시각화할 수 있도록 도와준다.

판매 기록 및 거래 정보를 분석할 때는 씽크와이즈의 워크플로우 형식이나 테이블 형식을 활용한다. 워크플로우 형식은 판매 또는 거래의 흐름을 시각화할 수 있도록 도와준다. 테이블 형식은 판매 또는 거래의 정보를 체계적으로 정리할 수 있도록 도와준다.

판매 기록 및 거래 정보를 관리할 때는 씽크와이즈의 웹 페이지나 PDF 형식을 활용한다. 웹 페이지 형식은 판매 또는 거래 정보가 쉽게 공유될 수 있도록 도와준다. PDF 형식은 판매 또는 거래 정보가 쉽게 출력될 수 있도록 도와준다.

이러한 팁을 활용하면 씽크와이즈를 활용한 판매 기록 및 거래 관리의 효과를 더욱 높일 수 있다.

명확하게 설정된 비즈니스 목표와 지속적인 추적은 성공적인 비즈니스 운영을 이끄는 데 도움이 된다

씽크와이즈, 비즈니스 목표 설정 및 추적의 든든한 파트너

씽크와이즈는 마인드맵을 작성하는 데 유용한 도구이지만, 그 외에 다양한 용도로 활용할 수 있다. 그중에서도 비즈니스 목표 설정 및 추적에 효과적이라는 점이 씽크와이즈의 가장 큰 장점 중 하나이다. 씽크와이즈를 활용하면 비즈니스 목표를 한눈에 파악할 수 있도록 시각적으로 표현할 수 있다. 또한 씽크와이즈를 통해 비즈니스 목표를 체계적으로 설정하고, 지속적으로 추적할 수 있도록 도와준다.

씽크와이즈를 활용한 비즈니스 목표 설정 및 추적

씽크와이즈를 활용하여 비즈니스 목표 설정 및 추적을 수행할 때는 다음과 같은 방법을 사용할 수 있다.

비즈니스 목표를 설정한다. 비즈니스 목표를 설정하면 비즈니스의 방향성을 설정할 수 있다.

비즈니스 목표를 분류한다. 비즈니스 목표를 분류하면 목표의 관계를 파악할 수 있다.

비즈니스 목표를 달성하기 위한 전략을 수립한다. 비즈니스 목표를 달성하기 위한 전략을 수립하면 목표를 보다 효율적으로 달성할 수 있다.

비즈니스 목표를 지속적으로 추적한다. 비즈니스 목표를 지속적으로 추적하면 목표의 달성 여부를 파악하고, 필요에 따라 조치를 취할 수 있다.

씽크와이즈를 활용한 비즈니스 목표 설정 및 추적의 장점

씽크와이즈를 활용하여 비즈니스 목표 설정 및 추적을 수행하면 다음과 같은 장점을 얻을 수 있다.

비즈니스 목표를 한눈에 파악할 수 있다.

비즈니스 목표의 관계를 파악할 수 있다.

비즈니스 목표를 달성하기 위한 전략을 수립할 수 있다.

비즈니스 목표의 달성 여부를 파악할 수 있다.

씽크와이즈는 비즈니스 목표 설정 및 추적에 효과적인 도구이다. 씽크와이즈를 활용하여 비즈니스 목표를 설정하고 추적하고, 성공적인 비즈니스 운영에 기여하기 바란다.

추가로, 씽크와이즈를 활용한 비즈니스 목표 설정 및 추적의 팁을 몇 가지 소개한다.

비즈니스 목표를 설정할 때는 씽크와이즈의 중심-하위 개념 형식이나 워크플로우 형식을 활용한다. 중심 개념에는 목표의 주제, 하위 개념에는 목표의 세부 내용을 입력한다. 워크플로우 형식은 목표의 흐름을 시각화할 수 있도록 도와준다.

비즈니스 목표를 분류할 때는 씽크와이즈의 나무 형식을 활용한다. 나무 형식은 목표의 구조를 시각화할 수 있도록 도와준다.

비즈니스 목표를 달성하기 위한 전략을 수립할 때는 씽크와이즈의 리스트 형식이나 테이블 형식을 활용한다. 리스트 형식은 전략을 쉽게 정리할 수 있도록 도와준다. 테이블 형식은 전략의 정보를 체계적으로 정리할 수 있도록 도와준다.

비즈니스 목표를 지속적으로 추적할 때는 씽크와이즈의 웹 페이지나 PDF 형식을 활용한다. 웹 페이지 형식은 목표의 추적 결과가 쉽게 공유될 수 있도록 도와준다. PDF 형식은 목표의 추적 결과가 쉽게 출력될 수 있도록 도와준다.

이러한 팁을 활용하면 씽크와이즈를 활용한 비즈니스 목표 설정 및 추적의 효과를 더욱 높일 수 있다.

원활하고 효율적인 프로젝트 팀원 간 업무 협업은 **프로젝트의 진행과 성과 달성에 효과적이다**

씽크와이즈, 프로젝트 팀원 간 업무 협업의 든든한 파트너

프로젝트의 성공을 위해서는 팀원 간의 원활하고 효율적인 업무 협업이 필수적이다. 팀원 간 의사소통이 원활하지 않거나, 협업이 효율적이지 않다면 프로젝트의 진행이 지연되거나, 성과 달성에 어려움을 겪을 수 있다. 씽크와이즈는 프로젝트 팀원 간 업무 협업을 보다 효율적으로 수행할 수 있도록 도와주는 효과적인 도구이다.

씽크와이즈를 활용한 프로젝트 팀원 간 업무 협업

씽크와이즈를 활용하면 다음과 같은 장점을 얻을 수 있다.

팀원 간의 의사소통을 보다 효과적으로 수행할 수 있다. 씽크와이즈는 다양한 형식의 마인드맵을 제공하여 팀원 간의 의사소통을 보다 효과적으로 수행할 수 있도록 도와준다. 예를 들어, 프로젝트 계획을 할 때는 중심-하위 개념 형식을 활용하여 프로젝트의 목표와 범위, 일정, 예산, 리소스를 시각적으로 표현할 수 있다. 또한 프로젝트 진행 상황을 공유할 때는 캘린더 형식이나 게시판 형식을 활용하여 팀원들이 쉽게 이해할 수 있도록 할 수 있다.

프로젝트의 진행 상황을 한눈에 파악할 수 있다. 씽크와이즈는 프로젝트의 진행 상황을 시각적으로 표현할 수 있도록 도와준다. 예를 들어, 프로젝트 일정을 캘린더 형식으로 표현하면 프로젝트의 진척도를 쉽게 파악할 수 있다. 또한 프로젝트의 성과를 테이블 형식으로 표현하면 프로젝트의 성공 여부를 쉽게 평가할 수 있다.

문제해결을 위한 협업을 보다 효과적으로 진행할 수 있다. 씽크와이즈는 문제해결을 위한 협업을 체계적으로 진행하도록 도와준다. 예를 들어, 문제해결을 위한 아이디어를 도출할 때는 브레인스토밍 형식을 활용할 수 있다. 또한 문제해결을 위한 계획을 수립할 때는 팀워크 형식을 활용할 수 있다.

씽크와이즈를 활용하여 프로젝트 팀원 간 업무 협업을 보다 효율적으로 수행하고, 성공적인 프로젝트를 수행하기 바란다.

추가로, 씽크와이즈를 활용한 프로젝트 팀원 간 업무 협업의 팁을 몇 가지 소개한다.

프로젝트 초기 단계에서부터 씽크와이즈를 활용하여 프로젝트 계획을 수립하고, 진행 상황을 공유한다. 프로젝트 계획을 수립할 때 씽크와이즈를 활용하면 프로젝트의 목표와 범위, 일정, 예산, 리소스를 보다 명확하게 파악할 수 있다. 또한 프로젝트 진행 상황을 공유할 때 씽크와이즈를 활용하면 팀원 간의 의사소통을 보다 효과적으로 수행할 수 있다.

문제가 발생했을 때 씽크와이즈를 활용하여 문제해결을 위한 협업을 진행한다. 문제해결을 위한 협업을 진행할 때 씽크와이즈를 활용하면 문제의 원인을 보다 빠르게 파악하고, 효과적인 해결책을 도출할 수 있다.

프로젝트 종료 후에는 씽크와이즈를 활용하여 프로젝트의 성과를 평가한다. 프로젝트의 성과를 평가할 때 씽크와이즈를 활용하면 프로젝트의 성공 여부를 보다 정확하게 평가할 수 있다.

이러한 팁을 활용하면 씽크와이즈를 활용한 프로젝트 팀원 간 업무 협업의 효과를 더욱 높일 수 있다.

명확하게 설정된 프로젝트 목표와 성과 지표는 프로젝트의 방향성 제시와 성과 평가에 기여한다

씽크와이즈, 프로젝트 목표 및 성과 지표 설정의 든든한 파트너

프로젝트의 성공을 위해서는 명확하게 설정된 프로젝트 목표와 성과 지표가 필수적이다. 프로젝트 목표와 성과 지표는 프로젝트의 방향성을 제시하고, 성과 평가의 기준을 제공한다. 씽크와이즈는 프로젝트 목표 및 성과 지표를 설정하는 데 효과적인 도구이다.

씽크와이즈를 활용한 프로젝트 목표 및 성과 지표 설정

씽크와이즈를 활용하면 다음과 같은 장점을 얻을 수 있다.

프로젝트 목표를 보다 명확하게 설정할 수 있다. 씽크와이즈는 다양한 형식의 마인드맵을 제공하여 프로젝트 목표를 보다 시각적으로 표현할 수 있도록 도와준다. 예를 들어, 중심-하위 개념 형식을 활용하여 프로젝트 목표의 범위와 세부 내용을 파악할 수 있다.

성과 지표를 보다 구체적으로 설정할 수 있다. 씽크와이즈는 다양한 형식의 마인드맵을 제공하여 성과 지표를 보다 체계적으로 설정할 수 있도록 도와준다. 예를 들어, 워크플로우 형식을 활용하여 성과 지표의 측정 방법과 기준을 파악할 수 있다.

씽크와이즈를 활용하여 프로젝트 목표 및 성과 지표를 보다 명확하게 설정하고, 성공적인 프로젝트를 수행하기 바란다.

추가로, 씽크와이즈를 활용한 프로젝트 목표 및 성과 지표 설정의 팁을 몇 가지 소개한다.

프로젝트 초기 단계에서부터 씽크와이즈를 활용하여 프로젝트 목표 및 성과 지표를 설정한다. 프로젝트 초기 단계에서부터 씽크와이즈를 활용하면 프로젝트의 방향성을 보다 명확하게 설정할 수 있다.

프로젝트의 이해관계자들과 협력하여 프로젝트 목표 및 성과 지표를 설정한다. 프로젝트의 이해관계자들과 협력하여 프로젝트 목표 및 성과 지표를 설정하면 프로젝트의 성공 가능성을 높일 수 있다.

프로젝트 진행 과정에서 성과 지표를 지속적으로 검토하고 조정한다. 프로젝트 진행 과정에서 성과 지표를 지속적으로 검토하고 조정하면 프로젝트의 성과를 보다 효과적으로 평가할 수 있다.

이러한 팁을 활용하면 씽크와이즈를 활용한 프로젝트 목표 및 성과 지표 설정의 효과를 더욱 높일 수 있다.

효율적인 팀 내 업무 일정 조율은
업무의 우선순위와 협업의 원활한 진행을
도모한다

씽크와이즈, 팀 내 업무 일정 조율의 든든한 파트너

팀 내 업무 일정 조율은 업무의 우선순위와 협업의 원활한 진행을 위해 필수적이다. 업무 일정이 조율되지 않으면 업무가 중첩되거나, 지연되거나, 팀원 간의 갈등이 발생할 수 있다. 씽크와이즈는 팀 내 업무 일정 조율을 보다 효율적으로 수행할 수 있도록 도와주는 효과적인 도구이다.

씽크와이즈를 활용한 팀 내 업무 일정 조율

씽크와이즈를 활용하면 다음과 같은 장점을 얻을 수 있다.

팀 내 업무 일정을 한눈에 파악할 수 있다. 씽크와이즈는 다양한 형식의 마인드맵을 제공하여 팀 내 업무 일정을 시각적으로 표현할 수 있도록 도와준다. 예를 들어, 캘린더 형식을 활용하면 팀 내 업무의 진행 상황을 쉽게 파악할 수 있다.

업무의 우선순위를 명확하게 설정할 수 있다. 씽크와이즈는 다양한 형식의 마인드맵을 제공하여 업무의 우선순위를 체계적으로 설정할 수 있도록 도와준다. 예를 들어, 중심-하위 개념 형식을 활용하여 업무의 중요성과 시급성을 고려하여 우선순위를 설정할 수 있다.

팀원 간의 협업을 보다 원활하게 진행할 수 있다. 씽크와이즈는 다양한 형식의 마인드맵을 제공하여 팀원 간의 협업을 체계적으로 진행하도록 도와준다. 예를 들어, 팀워크 형식을 활용하여 업무의 진행 상황과 리소스를 공유할 수 있다.

씽크와이즈를 활용하여 팀 내 업무 일정을 보다 효율적으로 조율하고, 성공적인 팀워크를 구축하기 바란다.

추가로, 씽크와이즈를 활용한 팀 내 업무 일정 조율의 팁을 몇 가지 소개한다.

팀 내 업무 일정을 정기적으로 점검하고 조정한다. 팀 내 업무 일정은 프로젝트의 진행 상황이나 팀원의 상황에 따라 변경될 수 있다. 따라서 팀 내 업무 일정을 정기적으로 점검하고 조정하여 업무의 효율성을 높일 수 있다.

팀원 간의 협의를 통해 업무 일정을 조율한다. 팀 내 업무 일정은 팀원 모두가 참여하여 조율해야 한다. 팀원 간의 협의를 통해 업무 일정을 조율하면 팀원 모두의 의견을 반영할 수 있고, 업무의 효율성을 높일 수 있다.

업무 일정을 문서화하여 관리한다. 업무 일정을 문서화하여 관리하면 업무 일정을 보다 효과적으로 관리할 수 있다. 씽크와이즈를 활용하여 업무 일정을 문서화하면 업무 일정을 시각적으로 표현할 수 있고, 팀원들과 쉽게 공유할 수 있다.

이러한 팁을 활용하면 씽크와이즈를 활용한 팀 내 업무 일정 조율의 효과를 더욱 높일 수 있다.

적극적인 팀원 간 지식 공유와
지속적인 업데이트는 **팀의 전체적인**
역량 향상과 혁신을 촉진한다

씽크와이즈, 팀원 간 지식 공유 및 업데이트의 든든한 파트너

팀원 간 지식 공유 및 업데이트는 팀의 전체적인 역량 향상과 혁신을 촉진하기 위해 필수적이다. 팀원 간 지식과 경험을 공유하면 팀원 모두의 역량을 향상시킬 수 있고, 새로운 아이디어와 해결책을 도출할 수 있다. 씽크와이즈는 팀원 간 지식 공유 및 업데이트를 보다 효율적으로 수행할 수 있도록 도와주는 효과적인 도구이다.

씽크와이즈를 활용한 팀원 간 지식 공유 및 업데이트

씽크와이즈를 활용하면 다음과 같은 장점을 얻을 수 있다.

팀원 간 지식과 경험을 시각적으로 표현할 수 있다. 씽크와이즈는 다양한 형식의 마인드맵을 제공하여 팀원 간 지식과 경험을 시각적으로 표현할 수 있도록 도와준다. 예를 들어, 중심-하위 개념 형식을 활용하여 팀원들의 전문 분야와 지식을 정리할 수 있다.

팀원 간 지식과 경험을 체계적으로 관리할 수 있다. 씽크와이즈는 다양한 형식의 마인드맵을 제공하여 팀원 간 지식과 경험을 체계적으로 관리할 수 있도록 도와준다. 예를 들어, 워크플로우 형식을 활용하여 팀원들의 지식 공유 및 업데이트 프로세스를 관리할 수 있다.

팀원 간 지식과 경험을 쉽게 공유할 수 있다. 씽크와이즈는 다양한 형식의 마인드맵을 제공하여 팀원 간 지식과 경험을 쉽게 공유할 수 있도록 도와준다. 예를 들어, 웹 페이지 형식을 활용하여 팀원 간 지식과 경험을 쉽게 공유할 수 있다.

씽크와이즈를 활용하여 팀원 간 지식 공유 및 업데이트를 보다 효율적으로 수행하고, 팀의 역량 향상과 혁신을 촉진하기 바란다.

추가로, 씽크와이즈를 활용한 팀원 간 지식 공유 및 업데이트의 팁을 몇 가지 소개한다.

팀원 간 지식 공유 및 업데이트를 위한 제도와 문화를 구축한다. 팀원 간 지식 공유 및 업데이트를 위한 제도와 문화를 구축하면 팀원들이 적극적으로 참여할 수 있다. 예를 들어, 팀원 간 지식 공유 및 업데이트를 위한 정기적인 회의를 개최하거나, 지식 공유 및 업데이트를 위한 포상 제도를 도입할 수 있다.

팀원 간 지식 공유 및 업데이트를 위한 도구와 플랫폼을 활용한다. 팀원 간 지식 공유 및 업데이트를 위한 도구와 플랫폼을 활용하면 팀원 간 지식 공유 및 업데이트를 보다 효율적으로 수행할 수 있다. 예를 들어, 씽크와이즈를 활용하여 팀원 간 지식과 경험을 시각적으로 표현하고, 공유할 수 있다.

팀원 간 지식 공유 및 업데이트를 위한 피드백을 제공한다. 팀원 간 지식 공유 및 업데이트를 위한 피드백을 제공하면 팀원들이 더욱 발전할 수 있다. 예를 들어, 팀원들의 지식 공유 및 업데이트 내용에 대한 피드백을 제공하거나, 팀원들의 지식 공유 및 업데이트 활동에 대한 격려를 제공할 수 있다.

이러한 팁을 활용하면 씽크와이즈를 활용한 팀원 간 지식 공유 및 업데이트의 효과를 더욱 높일 수 있다.

업무 효율화와 협업 도구의 적극적인 활용은 팀의 생산성 향상과 협업의 원활한 진행을 지원한다

씽크와이즈, 팀 내 업무 효율화 및 협업 도구의 든든한 파트너

팀 내 업무 효율화와 협업 도구의 적극적인 활용은 팀의 생산성 향상과 협업의 원활한 진행을 지원한다. 업무 효율화 도구를 활용하면 업무의 처리 속도를 높이고, 업무의 실수를 줄일 수 있다. 또한 협업 도구를 활용하면 팀원 간의 의사소통을 보다 효율적으로 수행하고, 협업을 보다 원활하게 진행할 수 있다. 씽크와이즈는 팀 내 업무 효율화 및 협업 도구의 활용을 보다 효과적으로 수행할 수 있도록 도와주는 효과적인 도구이다.

씽크와이즈를 활용한 팀 내 업무 효율화 및 협업

씽크와이즈를 활용하면 다음과 같은 장점을 얻을 수 있다.

업무 효율화 도구와 협업 도구를 통합하여 활용할 수 있다. 씽크와이즈는 다양한 형식의 마인드맵을 제공하여 업무 효율화 도구와 협업 도구를 통합하여 활용할 수 있도록 도와준다. 예를 들어, 캘린더 형식을 활용하여 업무 일정을 관리하고, 워크플로우 형식을 활용하여 업무 프로세스를 관리할 수 있다.

업무 효율화 도구와 협업 도구를 시각적으로 표현할 수 있다. 씽크와이즈는 다양한 형식의 마인드맵을 제공하여 업무 효율화 도구와 협업 도구를 시각적으로 표현할 수 있도록 도와준다. 예를 들어, 중심-하위 개념 형식을 활용하여 업무 효율화 도구와 협업 도구의 기능을 정리할 수 있다.

업무 효율화 도구와 협업 도구를 쉽게 공유할 수 있다. 씽크와이즈는 다양한 형식의 마인드맵을 제공하여 업무 효율화 도구와 협업 도구를 쉽게 공유할 수 있도록 도와준다. 예를 들어, 웹 페이지 형식을 활용하여 업무 효율화 도구와 협업 도구를 팀원들과 쉽게 공유할 수 있다.

씽크와이즈를 활용하여 팀 내 업무 효율화 및 협업 도구를 보다 효과적으로 활용하고, 팀의 생산성 향상과 협업의 원활한 진행을 지원하기 바란다.

추가로, 씽크와이즈를 활용한 팀 내 업무 효율화 및 협업 도구 활용의 팁을 몇 가지 소개한다.

팀 내 업무 효율화 및 협업 도구의 필요성을 인식하고, 활용 계획을 수립한다. 팀 내 업무 효율화 및 협업 도구의 필요성을 인식하고, 활용 계획을 수립하면 팀원들의 참여를 유도하고, 도구의 효과적인 활용을 도모할 수 있다.

팀 내 업무 효율화 및 협업 도구의 사용법을 교육한다. 팀 내 업무 효율화 및 협업 도구의 사용법을 교육하면 팀원들이 도구를 보다 효과적으로 활용할 수 있다.

팀 내 업무 효율화 및 협업 도구의 활용을 지속적으로 평가한다. 팀 내 업무 효율화 및 협업 도구의 활용을 지속적으로 평가하면 도구의 효과적인 활용을 도모할 수 있다.

이러한 팁을 활용하면 씽크와이즈를 활용한 팀 내 업무 효율화 및 협업 도구 활용의 효과를 더욱 높일 수 있다.

개인 작업 흐름과 프로세스의 최적화는 개인의 생산성과 효율성을 극대화하는 데 도움이 된다

씽크와이즈, 개인 작업 흐름 및 프로세스 최적화의 든든한 파트너

개인 작업 흐름과 프로세스의 최적화는 개인의 생산성과 효율성을 극대화하는 데 도움이 된다.

씽크와이즈를 활용한 팀 내 업무 효율화 및 협업

개인 작업 흐름과 프로세스를 최적화하면 다음과 같은 장점을 얻을 수 있다.

업무의 효율성을 높일 수 있다. 개인 작업 흐름과 프로세스를 최적화하면 업무의 불필요한 단계를 제거하고, 업무의 순서를 최적화할 수 있다.

업무의 오류를 줄일 수 있다. 개인 작업 흐름과 프로세스를 최적화하면 업무의 흐름을 명확하게 파악하고, 업무의 단계별로 확인 절차를 마련할 수 있다.

업무의 만족도를 높일 수 있다. 개인 작업 흐름과 프로세스를 최적화하면 업무의 진행을 보다 쉽게 파악하고, 업무의 목표를 보다 명확하게 설정할 수 있다.

씽크와이즈는 개인 작업 흐름 및 프로세스 최적화를 보다 효과적으로 수행할 수 있도록 도와주는 효과적인 도구이다. 씽크와이즈를 활용하면 다음과 같은 장점을 얻을 수 있다.

개인 작업 흐름과 프로세스를 시각적으로 표현할 수 있다. 씽크와이즈는 다양한 형식의 마인드맵을 제공하여 개인 작업 흐름과 프로세스를 시각적으로 표현할 수 있도록 도와준다. 예를 들어, 워크플로우 형식을 활용하여 개인 작업 흐름을 체계적으로 정리할 수 있다.

개인 작업 흐름과 프로세스를 체계적으로 관리할 수 있다. 씽크와이즈는 다양한 형식의 마인드맵을 제공하여 개인 작업 흐름과 프로세스를 체계적으로 관리할 수 있도록 도와준다. 예를 들어, 캘린더 형식을 활용하여 개인 작업 일정을 관리할 수 있다.

개인 작업 흐름과 프로세스를 쉽게 공유할 수 있다. 씽크와이즈는 다양한 형식의 마인드맵을 제공하여 개인 작업 흐름과 프로세스를 쉽게 공유할 수 있도록 도와준다. 예를 들어, 웹 페이지 형식을 활용하여 개인 작업 흐름을 팀원들과 쉽게 공유할 수 있다.

씽크와이즈를 활용하여 개인 작업 흐름 및 프로세스를 보다 효과적으로 최적화하고, 개인의 생산성과 효율성을 극대화하기 바란다.

추가로, 씽크와이즈를 활용한 개인 작업 흐름 및 프로세스 최적화의 팁을 몇 가지 소개한다.

개인 작업 흐름과 프로세스를 분석한다. 현재의 개인 작업 흐름과 프로세스를 분석하여 개선의 여지를 파악한다.

개인 작업 흐름과 프로세스를 개선한다. 분석 결과를 바탕으로 개인 작업 흐름과 프로세스를 개선한다.

개인 작업 흐름과 프로세스를 실행한다. 개선된 개인 작업 흐름과 프로세스를 실행하고, 효과를 검증한다.

이러한 팁을 활용하면 씽크와이즈를 활용한 개인 작업 흐름 및 프로세스 최적화의 효과를 더욱 높일 수 있다.

프로젝트 관련 회의 일정을
체계적으로 조율하는 것은 **의사 결정과**
효율적인 커뮤니케이션을 가능하게 한다

씽크와이즈, 프로젝트 관련 회의 일정 조율의 든든한 파트너

프로젝트 관련 회의 일정을 체계적으로 조율하는 것은 의사 결정과 효율적인 커뮤니케이션을 가능하게 한다. 프로젝트 관련 회의 일정이 조율되지 않으면 회의의 목적이 불분명해지거나, 회의 참석자가 불분명해지거나, 회의 일정이 중첩되어 회의의 효율성이 떨어질 수 있다.

씽크와이즈는 프로젝트 관련 회의 일정을 보다 효과적으로 조율할 수 있도록 도와주는 효과적인 도구이다. 씽크와이즈를 활용하면 다음과 같은 장점을 얻을 수 있다.

프로젝트 관련 회의 일정을 한눈에 파악할 수 있다. 씽크와이즈는 다양한 형식의 마인드맵을 제공하여 프로젝트 관련 회의 일정을 시각적으로 표현할 수 있도록 도와준다. 예를 들어, 캘린더 형식을 활용하여 프로젝트 관련 회의 일정을 체계적으로 정리할 수 있다.

프로젝트 관련 회의 일정을 체계적으로 관리할 수 있다. 씽크와이즈는 다양한 형식의 마인드맵을 제공하여 프로젝트 관련 회의 일정을 체계적으로 관리할 수 있도록 도와준다. 예를 들어, 게시판 형식을 활용하여 프로젝트 관련 회의 일정을 공유하고, 관리할 수 있다.

프로젝트 관련 회의 일정을 쉽게 공유할 수 있다. 씽크와이즈는 다양한 형식의 마인드맵을 제공하여 프로젝트 관련 회의 일정을 쉽게 공유할 수 있도록 도와준다. 예를 들어, 웹 페이지 형식을 활용하여 프로젝트 관련 회의 일정을 팀원들과 쉽게 공유할 수 있다.

씽크와이즈를 활용하여 프로젝트 관련 회의 일정을 보다 효과적으로 조율하고, 의사 결정과 효율적인 커뮤니케이션을 하기 바란다.

추가로, 씽크와이즈를 활용한 프로젝트 관련 회의 일정 조율의 팁을 몇 가지 소개한다.

회의의 목적과 참석자를 명확하게 정한다. 회의의 목적과 참석자를 명확하게 정하면 회의 일정을 보다 효율적으로 조율할 수 있다.

회의 일정을 미리 공유한다. 회의 일정을 미리 공유하면 회의 참석자가 회의 일정을 미리 준비할 수 있다.

회의 일정을 정기적으로 점검한다. 회의 일정을 정기적으로 점검하여 변경된 사항이 있는지 확인한다.

이러한 팁을 활용하면 씽크와이즈를 활용한 프로젝트 관련 회의 일정 조율의 효과를 더욱 높일 수 있다.

아이디어 공유와 협업 도구의 적극적인 활용은 창의성과 협업의 효율성을 높이는 데 도움이 된다

씽크와이즈, 아이디어 공유 및 협업 도구 활용의 든든한 파트너

아이디어 공유와 협업 도구의 적극적인 활용은 창의성과 협업의 효율성을 높이는 데 도움이 된다. 아이디어 공유와 협업 도구를 활용하면 다음과 같은 장점을 얻을 수 있다.

아이디어를 보다 효과적으로 공유할 수 있다. 아이디어 공유와 협업 도구를 활용하면 아이디어를 시각적으로 표현하고, 팀원들과 쉽게 공유할 수 있다. 또한 협업의 진행 상황을 한눈에 파악하고, 팀원들과의 협업을 보다 효율적으로 수행할 수 있다.

창의성을 보다 효과적으로 발휘할 수 있다. 아이디어 공유와 협업 도구를 활용하면 다양한 의견을 수렴하고, 새로운 아이디어를 도출할 수 있다.

씽크와이즈는 아이디어 공유 및 협업 도구 활용을 보다 효과적으로 수행할 수 있도록 도와주는 효과적인 도구이다. 씽크와이즈를 활용하면 다음과 같은 장점을 얻을 수 있다.

다양한 형식의 마인드맵을 제공한다. 씽크와이즈는 다양한 형식의 마인드맵을 제공하여 아이디어를 효과적으로 표현하고, 공유할 수 있다. 예를 들어, 중심-하위 개념 형식을 활용하여 아이디어를 구조적으로 정리할 수 있다.

팀원과의 협업을 지원한다. 씽크와이즈는 팀원과의 협업을 지원하는 다양한 기능을 제공한다. 예를 들어, 채팅 기능을 활용하여 팀원들과 실시간으로 의견을 나눌 수 있다.

창의성을 발휘하도록 지원한다. 씽크와이즈는 창의성을 발휘하도록 지원하는 다양한 기능을 제공한다. 예를 들어, 자유형 형식을 활용하여 자유롭게 아이디어를 표현할 수 있다.

씽크와이즈를 활용하여 아이디어 공유와 협업 도구를 보다 효과적으로 활용하고, 창의성과 협업의 효율성을 높이기 바란다.

추가로, 씽크와이즈를 활용한 아이디어 공유 및 협업 도구 활용의 팁을 몇 가지 소개한다.

아이디어 공유와 협업 도구를 활용하기 전에 목적과 목표를 명확히 정한다. 목적과 목표를 명확히 정하면 아이디어 공유와 협업 도구를 보다 효과적으로 활용할 수 있다.

아이디어 공유와 협업 도구를 활용할 때 팀원들과의 협력을 강조한다. 팀원들과의 협력을 강조하면 아이디어 공유와 협업 도구를 보다 효과적으로 활용할 수 있다.

아이디어 공유와 협업 도구를 활용한 후 결과를 평가한다. 결과를 평가하면 아이디어 공유와 협업 도구의 활용을 개선할 수 있다.

이러한 팁을 활용하면 씽크와이즈를 활용한 아이디어 공유 및 협업 도구 활용의 효과를 더욱 높일 수 있다.

명확한 프로젝트 목표와 성과 평가는 프로젝트의 성공과 개선을 위한 중요한 지표이다

씽크와이즈, 프로젝트 목표 및 성과 평가의 든든한 파트너

명확한 프로젝트 목표와 성과 평가는 프로젝트의 성공과 개선을 위한 중요한 지표이다. 프로젝트 목표가 명확하지 않으면 프로젝트의 방향성이 흐려지고, 성과 평가가 이루어지지 않으면 프로젝트의 성공 여부를 판단할 수 없다.

씽크와이즈는 프로젝트 목표 및 성과 평가를 보다 효과적으로 수행할 수 있도록 도와주는 효과적인 도구이다. 씽크와이즈를 활용하면 다음과 같은 장점을 얻을 수 있다.

다양한 형식의 마인드맵을 제공한다. 씽크와이즈는 다양한 형식의 마인드맵을 제공하여 프로젝트 목표와 성과 평가를 체계적으로 정리할 수 있다. 예를 들어, 중심-하위 개념 형식을 활용하여 프로젝트 목표를 구조적으로 정리할 수 있다.

시각화를 통해 이해를 돕는다. 씽크와이즈는 시각화를 통해 프로젝트 목표와 성과 평가를 쉽게 이해할 수 있다. 예를 들어, 캘린더 형식을 활용하여 프로젝트 일정을 시각적으로 표현할 수 있다.

협업을 지원한다. 씽크와이즈는 협업을 지원하는 다양한 기능을 제공한다. 예를 들어, 채팅 기능을 활용하여 팀원들과 의견을 나눌 수 있다.

씽크와이즈를 활용하여 프로젝트 목표 및 성과 평가를 보다 효과적으로 수행하고, 프로젝트의 성공과 개선을 도모하기 바란다.

추가로, 씽크와이즈를 활용한 프로젝트 목표 및 성과 평가의 팁을 몇 가지 소개한다.

프로젝트 목표를 명확하게 정한다. 프로젝트 목표를 명확하게 정하면 프로젝트의 방향성을 설정할 수 있다.

프로젝트 목표를 측정 가능한 방식으로 설정한다. 프로젝트 목표를 측정 가능한 방식으로 설정하면 성과 평가를 수행할 수 있다.

프로젝트 목표를 정기적으로 점검한다. 프로젝트 목표를 정기적으로 점검하여 목표 달성 여부를 확인한다.

이러한 팁을 활용하면 씽크와이즈를 활용한 프로젝트 목표 및 성과 평가의 효과를 더욱 높일 수 있다.

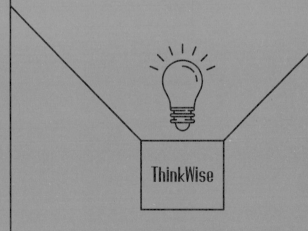

6장

씽크와이즈와 함께 꿈을 실현해 가는 사람들

ThinkWise

최원교 대표

저는 오랜 기간 출판업과 병원 운영을 병행해 오며, 여러 분야에서 성공의 길을 걸어왔습니다. 인생에서 이루고 싶은 꿈들을 실현하기 위해 다양한 사업을 추진하는 과정에서 복잡한 일들을 관리하기 어려운 상황에 직면하기도 했습니다.

이런 중에 씽크와이즈를 만났고, 그것은 제 삶의 전환점이 되었습니다. 씽크와이즈 단기 과정을 통해 복잡한 사업 계획과 경영 철학, 운영 방안을 명확하게 정리하고 수립할 수 있었습니다. 이 도구는 제 생각을 구조화하고, 전략적으로 사업을 진행할 수 있는 토대를 제공했습니다.

성공만을 거듭해 오던 저에게도 예기치 못한 어려움이 찾아왔습니다. 그러나 씽크와이즈를 통해 제 마음을 다잡고, 진정한 부자의 마인드로 모든 일을 우주의 뜻에 맞추어 받아들이며 다시금 사업을 추진했습니다. 기획부터 실행에 이르기까지 씽크와이즈를 활용해 큰 프로젝트들을 성공적으로 이끌고 있으며, 이 과정에서 홍보와 효과 창출도 병행하고 있습니다. 나이가 60대임에도 불구하고 3개의 회사를 운영하며 기타 활동까지, 모든 것을 무사히 해결해 나가고 있습니다.

이는 일찍 자고 이른 새벽에 일어나는 습관과 하루를 세 번 살아가는 듯한 열정과 노력 덕분입니다. 이러한 일상은 씽크와이즈와 결합되어 더욱 효과적인 결과를 만들어내고 있습니다.

앞으로의 꿈을 향한 여정과 고객들과 함께하는 모습이 선하고 밝게 그려집니다. 열정이 넘치는 교육과 SNS 활동을 통해, 저는 계속해서 긍정적이고 활력 넘치는 에너지를 전달하고자 합니다.

씽크와이즈는 단순한 도구가 아니라, 삶의 방향을 설정하고 목표를 달성하는 데 필수적인 파트너가 되었습니다. 저는 씽크와이즈를 통해 새로운 가능성을 발견했고, 앞으로도 끊임없이 도전하고 성장하는 삶을 살아갈 것입니다.

김주연 선생

저는 25년간 초등학교 교사로서 1학년부터 6학년까지 다양한 학년의 담임을 맡아 왔습니다. 학생들과 함께하는 삶은 제게 큰 즐거움과 행복을 줍니다. 때로는 엄격한 호랑이 선생님으로, 때로는 다정한 이모처럼, 저는 항상 학생들의 성장과 발전을 돕기 위해 노력해 왔습니다.

최근 씽크와이즈 교육을 수료하면서, 제 교육 방식에 혁신적인 변화가 생겼습니다. 씽크와이즈의 주요 핵심 기능을 배우면서, 저는 이 도구가 교실과 도서관에서 강의할 때나, 학생들이 생각을 정리할 때 얼마나 큰 도움을 줄 수 있는지 깨달았습니다.

학생들에게 씽크와이즈를 활용하는 새로운 학습 방식을 소개했습니다. 이 도구를 통해 학생들은 자신의 생각과 아이디어를 더욱 명확하게 표현하고, 창의적으로 생각하는 법을 배울 수 있었습니다. 교실 내에서 진행된 그룹 활동에서 씽크와이즈는 학생들이 서로 소통하고 협력하도록 돕는 중요한 역할을 했습니다.

또한 도서관에서 강의할 때 씽크와이즈를 사용함으로써, 저는 학생들에게 보다 체계적이고 흥미로운 강의를 제공할 수 있었습니다. 씽크와이즈의 시각적인 요소는 학생들의 관심을 끌고, 복잡한 개념을 쉽게 이해할 수 있도록 도와주었습니다.

저는 씽크와이즈 전문가가 되어 더 많은 교육 혁신을 이루고 싶습니다. 씽크와이즈를 통해 저는 학생들에게 더욱 다양하고 창의적인 학습 방법을 제공할 수 있을 뿐만 아니라 교육 방식 자체를 혁신할 수 있는 기회를 얻었습니다.

저의 목표는 씽크와이즈를 활용하여 학생들이 자신의 잠재력을 최대한 발휘할 수 있도록 돕는 것입니다. 씽크와이즈와 함께라면 학생들이 새로운 시각으로 세상을 바라보고, 자신의 꿈을 향해 나아갈 수 있도록 지원할 수 있을 것이라 확신합니다.

제 25년 교직 생활 중 이렇게 흥미롭고 역동적인 도구를 만나게 된 것은 큰 행운이며, 앞으로 씽크와이즈를 활용한 교육 혁신을 통해 더욱 선하고 긍정적인 영향을 학생들에게 미칠 것을 기대하고 있습니다.

임종율 대표

저는 부산에서 자동차 세차 용품을 판매하는 사업을 운영하고 있습니다. 1년 6개월 전, 운명적으로 씽크와이즈를 만났습니다. 씽크와이즈 강사 과정과 1일 마스터 과정을 수강한 후, 제 사업 방식과 일상이 많이 바뀌었습니다. 이 도구를 배우고 느낀 점을 실천한 것은 제 사업에 있어서 주목할만한 전환점이 되었습니다.

씽크와이즈의 가장 큰 장점은 제 지식과 경험을 체계적으로 정리하고 활용할 수 있다는 데 있습니다. 저는 읽은 모든 책의 내용을 씽크와이즈로 상세하게 기록하여, 새로운 아이디어와 영감을 얻었습니다. 이는 비단 개인적인 학습뿐만 아니라, 사업 전략과 마케팅 계획에도 큰 도움이 되었습니다.

업무와 관련해서는 씽크와이즈를 통해 목표를 설정하고, 전략을 세우며, 각종 프로젝트를 관리했습니다. 이러한 과정을 통해 업무 효율성이 크게 향상되었고, 복잡한 일들을 한눈에 파악하고 관리할 수 있게 되었습니다. 블로그를 운영하는 데 있어서도 씽크와이즈는 중요한 역할을 했습니다. 블로그 포스트 아이디어의 구상, 구조화 그리고 최종적인 콘텐츠 개발에 이르기까지, 모든 과정에서 씽크와이즈는 탁월한 도구였습니다.

매주 일요일 아침, 씽크와이즈 센터장과의 지속적인 학습은 저의 능력을 더욱 키워 줬습니다. 현재 저는 씽크와이즈 강사로 활동하고 있으며, 이 도구의 놀라운 효과를 사람들에게 전파하고 있습니다. 씽크와이즈를 통해 얻은 지식과 기술은 제 사업뿐만 아니라, 개인적인 성장에도 크게 기여하고 있습니다.

씽크와이즈는 단순한 생각 정리 도구를 넘어선, 제 사업과 생활에 혁신을 가져다준 획기적인 수단이 되었습니다. 이 도구 덕분에 사업 계획은 물론, 일상적인 업무 관리도 한층 더 체계적이고 효율적으로 할 수 있게 되었습니다. 앞으로도 저는 씽크와이즈의 열렬한 지지자이자 홍보자로서 활동할 것이며, 이 멋진 도구를 더 많은 사람들에게 알릴 것입니다.

씽크와이즈와 함께한 이 여정은 제게 있어 매우 가치가 있습니다. 씽크와이즈의 도움으로 사업과 개인 생활 모두에서 더 큰 성공과 발전을 이루어 나가고자 합니다. 씽크와이즈가 제공하는 무한한 가능성을 모든 사람들이 경험할 수 있기를 희망합니다. 이 도구는 단순히 생각을 정리하는 데 그치지 않고, 복잡한 문제 해결, 창의적인 아이디어 개발 그리고 효과적인 의사소통을 가능하게 합니다.

저는 씽크와이즈를 통해 제 사업을 새로운 차원으로 끌어올릴 수 있었고, 블로그와 같은 창작 활동에도 신선한 영감을 얻을 수 있었습니다. 특히 씽크와이즈를 활용한 블로그 콘텐츠 기획과 구성은 독자들에게 더욱 풍부하고 유익한 정보를 제공하는 데 큰 도움이 되었습니다.

씽크와이즈 강사로서, 저는 이제 이 도구의 효과를 다른 사람들에게 전파하는 데 큰 열정을 가지고 있습니다. 씽크와이즈를 통해 누구든 자신의 사업이나 업무를 더욱 효과적으로 관리하고, 창의적인 결과를 얻을 수 있다는 것을 사람들에게 알리고 싶습니다.

이 도구는 제 사업뿐만 아니라, 개인적인 성장과 발전에도 중요한 역할을 했다. 앞으로도 씽크와이즈와 함께 성장하며, 더 많은 사람들에게 이 도구의 놀라운 효과를 전달하고자 합니다. 씽크와이즈는 단순한 도구가 아닌, 삶의 질을 향상시키고, 사업 성공을 이끄는 강력한 파트너임을 저는 깊이 믿고 있습니다.

제 경험을 통해, 씽크와이즈가 개인과 사업에 어떠한 긍정적인 변화를 가져다줄 수 있는지 모든 이들이 알게 되기를 바랍니다. 씽크와이즈와 함께라면, 우리 모두는 더욱 효과적이고 창의적인 방식으로 일상과 업무를 관리하며, 더 큰 성공을 이룰 수 있을 것입니다.

씽크와이즈를 접하고 나서 설레였던 시간이 아직도 생생합니다. 그 마음은 지금도 변함없습니다. 그 씽크와이즈로 책을 쓰게 되어 즐겁고 행복합니다.

이 책을 쓰면서 많은 분들께 감사를 전하고 싶습니다. 30년 동안 항상 배움에 목말라 하는 남편을 묵묵히 이해해 주고 응원과 도움을 준 우리 집 내무부장관님과 자신의 역할을 잘해 주고 있는 두 아들에게 감사의 마음을 전합니다. 결혼 생활 30주년에 동갑내기 30세 부부로 우리에게 행복을 안겨다 준 며느리도 고맙습니다.

제가 희망퇴직하고 바로 사업을 시작해서 사업이 처음인 저를 성장시키기 위해 아낌없는 도움을 주시는 씽크와이즈 심테크시스템 대표이사 정영교 대표님께 감사드립니다. 특히 씽크와이즈를 배우고 광주교육센터장을 해 나가는 데 가장 큰 도움을 주신 이영선 실장님과 김창섭 이사님, 이광호 강사님 등 씽크와이즈 관계자 여러분께도 감사드립니다. 그리고 보험법인 운영에 큰 도움을 주고 계신 ㈜인슈코아 김종태 대표님, 김남옥 대표님께 감사드립니다.

이전의 삶이 열심히 살지만 성과가 없어 안타까웠다면, 이제는 행복하고 풍요로운 인생 2막을 위해 달려 보겠습니다. 매일 새벽 4시부터 시작되는 삶의 여정에서 이 책을 출간할 수 있도록 동기부여를 해 주신 최원교 대표님께 감사드리며, 함께 해 주신 김주연 선생님 감사드립니다.

씽크와이즈가 모든 일상과 함께하고 있는 것은 정말 현명한 선택이었고, 씽크와이즈가 저에게 와 줘서 감사한 마음입니다.

현재 이 책을 읽는 분들은 초등학생부터 중, 고, 대학생과 직장인 그리고 은퇴한 시니어까지 다양한 연령과 직업을 가진 분들일 것입니다. 모든 분들의 생활 속에서 씽크와이즈를 사용한다면 생각 정리부터 실행, 그리고 과정 관리까지 씽크와이즈가 최고의 컨설턴트 역할을 해 줄 것입니다.

공부법을 20년 이상 연구한 하버드대학 대니얼 T. 윌링햄 교수는 마인드맵(씽크와이즈)를 최고의 학습법이라고 하였습니다. 유대인의 가정교육도 마찬가지입니다. 공부와 학습에 가장 유용하게 활용되는 씽크와이즈를 통해 전 세대에 걸친 평생학습의 동반자로 강력하게 추천드립니다.

씽크와이즈가 이 책을 읽는 독자님들의 생활의 일부가 되어, 조금 더 성장하는 여러분이 되시길 바랍니다.

김중현

씽크와이즈
평생학습 성공의 동반자

초판 1쇄 인쇄 | 2024년 2월 8일
초판 1쇄 발행 | 2024년 2월 15일

지은이 | 김중현

펴낸이 | 최원교
펴낸곳 | 공감

등 록 | 1991년 1월 22일 제21-223호
주 소 | 서울시 송파구 마천로 113
전 화 | (02)448-9661 팩스 | (02)448-9663
홈페이지 | www.kunna.co.kr
E-mail | kunnabooks@naver.com

ISBN 978-89-6065-334-4 (03320)